NIEBLING Musterverträge

RdW Schriftenreihe
›Das Recht der Wirtschaft‹

Band 216 · Juni 2022

Musterverträge für Handelsvertreter, Händler und Franchisepartner

Dr. Jürgen Niebling,
Rechtsanwalt

7., überarbeitete Auflage, 2022

Für meine Kinder

Bibliografische Information der Deutschen Nationalbibliothek | Die Deutsche Nationalbibliothek verzeichnet diese Publikation in der Deutschen Nationalbibliografie; detaillierte bibliografische Daten sind im Internet über www.dnb.de abrufbar.

7. Auflage, 2022

ISBN 978-3-415-07276-3

Die Schriftenreihe >DAS RECHT DER WIRTSCHAFT< (RdW) ist Teil des gleichnamigen Sammelwerks, einer Kombination aus Buch und Zeitschrift: Zweimal monatlich erscheinen Kurzberichte, die auf jeweils 48 Seiten über aktuelle Rechts- und Steuerfragen informieren. Jährlich erscheinen zusätzlich acht Bücher zu Themen der aktuellen Rechtslage.

Richard Boorberg Verlag GmbH & Co KG | Scharrstraße 2 | 70563 Stuttgart
Stuttgart | München | Hannover | Berlin | Weimar | Dresden
www.boorberg.de

Gesamtherstellung: Laupp & Göbel GmbH | Robert-Bosch-Str. 42 | 72810 Gomaringen

---

Vorwort

Dieser Band enthält die wichtigsten Vertragsmuster für Handelsvertreter, Vertragshändler und Franchisepartner. Hierdurch sollen die Vertriebsvorgänge in einem Band vorgestellt werden, damit Gemeinsamkeiten und Unterschiede sowie Vor- und Nachteile für die Vertragspartner deutlich werden. Bedeutung haben diese Vertragsmuster nicht nur für Existenzgründer oder Beteiligte im Rahmen der Vertragsanbahnung, vielmehr soll auch bei bestehenden Verträgen den Partnern Gelegenheit gegeben werden, Unterschiede und Gemeinsamkeiten der eigenen Verträge mit den vorliegenden Texten festzustellen, um die Konsequenzen der Vertragsgestaltung zu verstehen. Die Erläuterung der Vertragsmuster dient daher im Wesentlichen dazu, Risiken und Chancen der Vertragsgestaltung am konkreten Beispiel darzustellen. Für die 7. Auflage wurde der Band wiederum überarbeitet. Dem Richard Boorberg Verlag, Herrn Marcus Preu und Frau Stefanie Assmann danke ich für die zügige Umsetzung der Neuauflage.

Die Vertragsmuster wurden in meiner Beratungspraxis entwickelt. Hinweise und Anregungen sind stets willkommen.

Olching bei München, im Juni 2022

Rechtsanwalt
Dr. Jürgen Niebling

Inhalt

Abkürzungen

a. a. O.	am angegebenen Ort
a. A.	anderer Ansicht
ABl.	Amtsblatt
Abs.	Absatz
AEUV	Vertrag über die Arbeitsweise der Europäischen Union
AGBG	Gesetz über die Allgemeinen Geschäftsbedingungen
AGB-R	AGB-Recht
AK-AGBR	Anwaltkommentar AGB-Recht
Anm.	Anmerkung
Art.	Artikel
Aufl.	Auflage
B	Belgien
BauR	Baurecht (Zeitschrift)
b2b	business to business
b2c	business to consumer
BB	Betriebsberater (Zeitschrift)
BGB	Bürgerliches Gesetzbuch
BGBl.	Bundesgesetzblatt
BGH	Bundesgerichtshof
BGHZ	Entscheidungen des Bundesgerichtshofs in Zivilsachen
C	Amtsblatt der Europäischen Gemeinschaften Ausgabe C: Mitteilungen und Bekanntmachungen
c2b	consumer to business
cic	culpa in contrahendo
DAR	Deutsches Autorecht (Zeitschrift)
DB	Der Betrieb (Zeitschrift)
EG	Europäische Gemeinschaft
EGV	Vertrag über die Europäische Gemeinschaft
EU	Europäische Union
EWG	Europäische Wirtschaftsgemeinschaft
FN	Franchisenehmer
GD	Generaldirektion der EG-Kommission
GRUR	Gewerblicher Rechtsschutz und Urheberrecht (Zeitschrift)
GVO	Gruppenfreistellungsverordnung
GWB	Gesetz gegen Wettbewerbsbeschränkungen
HGB	Handelsgesetzbuch

h. M.	herrschende Meinung
HV	Handelsvertreter
i. d. R.	in der Regel
i. E.	im Einzelnen
i. Ü.	im Übrigen
JA	Juristische Arbeitsblätter (Zeitschrift)
L	Amtsblatt der Europäischen Gemeinschaften Ausgabe L: Rechtsvorschriften
MDR	Monatsschrift für Deutsches Recht (Zeitschrift)
NJ	Neue Justiz (Zeitschrift)
NJW	Neue Juristische Wochenschrift (Zeitschrift)
NJW-RR	Neue Juristische Wochenschrift Rechtsprechungs-Report Zivilrecht (Zeitschrift)
OLG	Oberlandesgericht
pVV	positive Vertragsverletzung
Rdnr.	Randnummer
RdW	Recht der Wirtschaft (Zeitschrift und Buchreihe im Boorberg Verlag)
RGBl.	Reichsgesetzblatt
S.	Seite
UN	Vereinte Nationen
VH	Vertragshändler
VO	Verordnung
WiB	Wirtschaftsrechtliche Beratung (Zeitschrift)
WRP	Wettbewerb in Recht und Praxis (Zeitschrift)
Ziff.	Ziffer
ZIP	Zeitschrift für Wirtschaftsrecht
ZMR	Zeitschrift für Miet- und Raumrecht
ZPO	Zivilprozessordnung
ZVertriebsR	Zeitschrift für Vertriebsrecht

I. Einführung und Problemdarstellung

1. Wahlfreiheit

Grundsätzlich steht es jedem Unternehmer frei, sein Vertriebskonzept nach eigenem Ermessen und seinen Vorstellungen auszugestalten. Dies gilt auch, wenn der Unternehmer oder Vertriebsbinder eine marktbeherrschende Stellung besitzt[1].

Hat sich der Hersteller jedoch für ein bestimmtes Vertriebssystem entschieden und dieses vertraglich umgesetzt, kommt eine Änderung des Vertriebssystems nur mit Einverständnis des Vertriebsvermittlers zustande. Auch selektive Vertriebssysteme sind grundsätzlich zulässig. Dies sind solche, in denen der Hersteller nur besonders qualifizierte Vertriebsmittler auswählt und deren Anzahl begrenzt[2].

Kriterien für die Auswahl des Vertriebssystems auf Seiten des Vertriebsmittlers (Handelsvertreter, Vertragshändler und Franchisepartner) können insbesondere sein:

- Funktionierendes Vertriebssystem
  Der Vertriebsvermittler kann in der Regel beurteilen, ob das vorliegende Vertriebssystem funktionstauglich ist.
- Aufbau auf vorhandenem Know-how
  Jedes Vertriebssystem, nicht nur das Franchising, baut auf vorhandenem Know-how auf und entwickelt dieses im Hinblick auf die Erfordernisse des Marktes weiter.
- Imageausstrahlung
  Es kommt nicht nur darauf an, gute Produkte zu fertigen, in vielen Bereichen müssen sie auch ein Image verkörpern und mit einer werbewirksamen Aussage (Freiheit, neues Lebensgefühl etc.) verbunden werden.
- Bewährte Produkte – bewährtes Konzept
  Vielfach lassen sich Produkte und Konzepte nicht mehr auseinanderhalten: Die Produkte sind gut, weil das Konzept stimmt, und weil das Konzept stimmt, werden gute Produkte hergestellt.

---

1 BGH, GRUR 1989, 220, 222

2 Niebling, Das Recht des Automobilvertriebs, Ziff. 1.1.3; ders., Vertragshändlerrecht, Rdnr. 608 ff.

2. Welches Vertriebskonzept ist sinnvoll?

Gerade wer ein neues Vertriebskonzept im Waren- oder Dienstleistungsvertrieb entwickeln und umsetzen will, wird sich die Frage stellen, welches Vertriebskonzept den größten Erfolg erzielen wird.

2.1 Beschränkte Austauschbarkeit

Für die Wahl des richtigen Vertriebssystems ist zu berücksichtigen, dass für ein bestimmtes Vertriebskonzept nicht jedes Vertriebssystem sinnvoll ist. Es besteht eine beschränkte Austauschbarkeit im Hinblick auf die angestrebten Ziele. Ist Ziel oder wesentliches Kriterium des Vertriebskonzeptes, dass der Unternehmer selbst die Preise gestalten will, die gegenüber dem Endkunden verlangt werden, so kommt hierfür nur der Handelsvertretervertrieb in Betracht, denn hierbei bleibt der Unternehmer Vertragspartner und kann selbst die Preise im Verhältnis zu seinem Kunden festlegen. In Vertragshändler- und Franchisesystemen dagegen ist den Unternehmern die Preisgestaltung gegenüber dem Endkunden verwehrt. Die Preis- und Bedingungsgestaltung, d. h. die nähere Ausgestaltung des Vertrages zum Endkunden, obliegt hier dem Vertragshändler wie auch dem Franchisenehmer. Rechtliche Grundlage hierfür war ursprünglich § 14 GWB, der ein Preis- und Konditionenbindungsverbot enthielt. Nunmehr ist auf die Generalklausel des § 1 GWG wie auch die Schirm-GVO (Abdruck im Anhang) zurückzugreifen. In reinen Handelsvertreterverhältnissen fand § 14 GWB keine Anwendung[3] und auch heute kann der Unternehmer den Preis wie auch die Bedingungen und AGBs selber festsetzen. Vertreibt der Unternehmer selbst über eigene und rechtlich unselbständige Niederlassungen, so ist dieser in der Preisfestsetzung grundsätzlich nicht gebunden. Zugunsten von Vertragshändler und Franchisenehmer gilt jedoch weiterhin, dass es dem Unternehmer versagt ist, auch nur mittelbaren Druck auf die Preisgestaltung seiner Vertriebsmittler auszuüben.

In der Pronuptia-Entscheidung[4] hatte der BGH eine Klausel beanstandet, wonach der Franchisenehmer wie folgt verpflichtet wurde: „Unbeschadet seiner Freiheit, die Wiederverkaufspreise selbst zu gestalten, sehen die Parteien die von Pronuptia vorgeschlagenen Preise als Richtlinien für den Wiederverkauf an"; denn hierdurch wird mittelbar auf die Preisgestaltung Einfluss genommen.

3 BGHZ 97, 317; zum HandelsvertreterR Semler, ZVertriebsR 2022, 37

4 BGH, Urt. v. 8.2.1994, WRP 1994, 546; Martinek/Semler, Vertriebsrecht, Rdnr. 10 ff. zu § 32

Die bloße Mitteilung von Richtpreisen des Franchisegebers an den Franchisenehmer stellt als solche jedoch keine Wettbewerbsbeschränkung dar, sofern zwischen dem Franchisegeber und dem Franchisenehmer hinsichtlich der tatsächlichen Anwendung dieser Preise keine aufeinander abgestimmten Verhaltensweisen bestehen[5]. Grundlegende Bedeutung kommt in diesem Zusammenhang der „Sixt-Entscheidung“[6] des BGH zu. Hiernach gilt das Verbot der Preisbindung zwischen Franchisegeber und -nehmer jedenfalls dann, wenn der Franchisenehmer das wirtschaftliche Risiko seines Unternehmens selbst trägt.

Die beschränkte Austauschbarkeit kann auch dazu führen, dass ein bestimmtes Vertriebskonzept ausscheidet, z. B. weil das Vertriebs-Know-how erst entwickelt werden soll, hierzu noch wenig Erfahrungen vorliegen und die Eigeninitiative des Vertriebsmittlers Vertriebs-Know-how erst erbringen soll. In diesem Fall scheidet ein Franchise-System aus, und das Wahlrecht beschränkt sich auf den Handelsvertreter oder Vertragshändlervertrieb.

2.2 Beschränkte Gestaltungsfreiheit

Bei der Ausgestaltung von Vertriebssystemen und dem – vorgelagert – bei der Wahl des richtigen Vertriebssystems ist zu berücksichtigen, dass nur eine beschränkte Gestaltungsfreiheit besteht. Von den drei hier vorgestellten Vertriebssystemen war ursprünglich lediglich der Vertrieb über Handelsvertreter gesetzlich geregelt (§ 84 ff. HGB). Der Vertragshändlervertrieb ist bis heute weitgehend ungeregelt geblieben, lediglich für besondere Fallgestaltungen oder Vertriebsformen liegen rechtliche Rahmenbedingungen vor. So greift für den Automobilvertrieb über Vertragshändler eine Gruppenfreistellungsverordnung (GVO), die derartige Verträge vom Kartellverbot nach Art. 81 EGV, jetzt Art. 101 AEUV ausnehmen soll[7]. Tatsächlich kommt es jedoch nicht mehr darauf an, ob die GVO beachtet wurde, sondern darauf, ob ein Verstoß gegen Art. 101 AEUV vorliegt; soweit der „sichere Hafen“ einer GVO verlassen ist, ist eine Vereinbarung nicht automatisch unzulässig, umgekehrt kann auch die Einhaltung einer GVO nicht ausschließen, dass

5 BGH a. a. O.

6 BGH, BB 1999, 860

7 Verordnung (EG) Nr. 1400/2002 der Kommission v. 31. 7. 2002 über die Anwendung von Art. 81 Abs. 3 des Vertrages auf Gruppen von vertikalen Vereinbarungen und aufeinander abgestimmten Verhaltensweisen im Kraftfahrzeugsektor, ABl. EG v. 1. 8. 2002 Nr. L 203, S. 30

Art. 101 AEUV verletzt wurde. Der GVO kommt daher nurmehr die Bedeutung einer Ermessensbindung der Kommission zu.[8]

Die Kfz-GVO für den Vertrieb von Kraftfahrzeugen wurde zuletzt um drei Jahre auf den 31.5.2013 verlängert. Seit dieser Zeit unterfällt der Kfz-Vertrieb der Schirm-GVO[9], wobei spezielle Leitlinien der Kommission Auslegungshilfen geben. Eine Verlängerung der GVO steht an.

Darüber hinaus gab es Gruppenfreistellungsverordnungen für den Alleinvertrieb[10].

Für Franchiseverträge gab es ebenfalls erst seit Ende 1988 eine europarechtliche Grundlage in Form der Gruppenfreistellung von Franchisevereinbarungen[11]. Beispielsweise war dem Franchisenehmer nach Art. 2 d der FranchiseVO untersagt, außerhalb des Vertragsgebietes für Waren oder Dienstleistungen, die Gegenstand der Franchise sind, Kunden zu werben. Der Vertragshändler im Geltungsbereich der Kfz-GVO ist dagegen berechtigt, außerhalb des Vertragsgebietes für Vertragswaren und entsprechende Waren zu werben, jedoch darf er personalisierte Werbung nicht einsetzen (z. B. Direct-Mailing); so noch Art. 3 Nr. 8 b GVO/95. Sowohl die neue Kfz-GVO wie auch die Schirm-GVO gehen davon aus, dass es grundsätzlich keine Vertragsgebiete mehr gibt, so dass Werbung im europäischen Markt zulässig ist und nurmehr dem unlauteren Wettbewerb (UWG) unterliegt. Ferner konnte der Franchisenehmer verpflichtet werden, keine Erzeugnisse herzustellen, zu verkaufen oder bei der Erbringung von Dienstleistungen zu verwenden, die mit Waren des Franchisegebers im Wettbewerb stehen, welche Gegenstand der Franchise sind; Art. 2 e der FranchiseVO a. F.

Der Vertragshändler im Automobilvertrieb[12] war dagegen berechtigt, eine Zweitmarke in räumlich getrennten Verkaufslokalen unter getrennter Geschäftsführung mit eigener Rechtspersönlichkeit in der Weise zu vertreiben, dass eine Verwechslung der Marken ausgeschlossen wird; so noch Art. 3 Ziff. 3 GVO/95. Die GVO/1400/2002 erleichtert darüber hinaus den Mehrmarkenvertrieb (Art. 1 Nr. 1. f), indem nun „alles unter einem Dach“ erfolgen kann.

---

8 Niebling, Vertragshändlerrecht, Rdnr. 1, 12 ff.

9 Aktuelle Fassung: 330/2010 Abdruck im Anhang; hierzu Goßler/Wenzel, ZVertriebsR 2021, 341; Metzlaff/Müller, ZVertriebsR 2020, 341

10 Verordnung Nr. 1983/83 der Kommission v. 22. 6. 1983: Abdruck in: Niebling „Vertriebsrecht von A-Z“ Anhang 3; sowie die Gruppenfreistellungsverordnung für den Alleinbezug. Verordnung Nr. 1984/83 der Kommission v. 22. 6. 1983, ABl. EG v. 30. 6. 1983 Nr. L 173 S. 5

11 Verordnung Nr. 4087/88 der Kommission v. 30. 11. 1988, ABl. EG v. 28. 12. 1988 Nr. L 359/46; hierzu zuletzt Flohr, ZVertriebsR 2022, 5

12 Zum Recht des Autohandels Niebling, NJ 2013, 257; ders., WRP 2012, 1361

1999 ist eine Gruppenfreistellungsverordnung über vertikale Vereinbarungen und aufeinander abgestimmte Verhaltensweisen (kurz „Schirm“-GVO) verabschiedet worden[13]. Die AlleinvertriebsVO wie auch die FranchiseVO galten nur bis zum 31.5.2000 weiter. Alte Verträge galten bis 31.5.2001 weiter, wenn sie einer der genannten Verordnungen entsprochen hatten. Einzelheiten sind in den Art.12 und 13 der Schirm-GVO geregelt. Auch die Alleinbezugsvereinbarung[14] wurde durch die „Schirm-GVO“ abgelöst.

Diese Schirm-GVO (oder Vertikal-GVO) war ebenso wie die Kfz-GVO bis 31.5.2010 befristet. Die Kfz-GVO wurde schließlich für drei Jahre verlängert. Inzwischen gibt es eine aktuelle Schirm-GVO und verschiedene Leitlinien, ergänzende Leitlinien und Interpretationshinweise durch Veröffentlichungen wie „Häufig gestellte Fragen“.

Diese Beispiele zeigen, dass bei Wahl und Ausgestaltung eines Vertriebskonzeptes auch die rechtlichen Rahmenbedingungen festgestellt werden müssen, um diese daraufhin zu überprüfen, ob ein bestimmtes Vertriebskonzept innerhalb dieser Rahmenbedingungen durchzuführen ist, ggf. auch, ob diese rechtlichen Rahmenbedingungen ausreichend flexibel sind, sich geänderten Markt- und Wettbewerbssituationen anzupassen.

In vielerlei Hinsicht haben sich die Vertriebssysteme jedoch in ihren rechtlichen Rahmenbedingungen aufeinander zubewegt, so dass die rechtlichen Rahmenbedingungen nicht mehr den Ausschlag für die Wahl eines bestimmten Vertriebskonzeptes geben können.

Zum einen gibt es seit einigen Jahren europarechtlich die Tendenz, alles unter einen „Schirm“ zu stellen und Sonderregeln – wenn möglich – zu vermeiden; zum anderen versucht zumindest die Rechtsprechung „Gleiches gleich und Ungleiches ungleich zu behandeln“:

So ist insbesondere die Frage, ob Ausgleichsansprüche aus Anlass der Vertragsbeendigung nach oder entsprechend § 89b HGB außer dem gesetzlich geregelten Fall der Anwendbarkeit auf Handelsvertreter auch auf Vertragshändler und Franchisesysteme übertragbar sind, inzwischen weitgehend abgeklärt.

Nach ständiger Rechtsprechung hat der Vertragshändler in entsprechender Anwendung von § 89b HGB einen Anspruch auf Ausgleich

- wenn das Rechtsverhältnis zwischen dem Hersteller und dem Händler oder Lieferanten derart ausgestaltet ist, dass es sich nicht in einer bloßen Verkäufer/Käufer-Beziehung erschöpft, sondern ihn so in die Absatz-

13 Verordnung (EG) Nr. 2790/1999 v. 22.12.1999, ABl. EG v. 29.12.1999 Nr. L 336 S. 21

14 Verordnung (EG) 1984/83, ABl. v. 30.6.1993 Nr. L 173 S. 5

organisation des Herstellers oder Lieferanten eingliedert, dass er wirtschaftlich in erheblichem Umfang einem Handelsvertreter vergleichbare Aufgaben zu erfüllen hat und

– er verpflichtet ist, dem Hersteller oder Lieferanten bei Vertragsende seinen Kundenstamm zu übertragen, so dass sich dieser die Vorteile des Kundenstammes sofort und ohne Weiteres nutzbar machen kann[15].

Höchstrichterlich ist die Frage, ob § 89 b HGB auch beim Franchise entsprechend angewandt werden kann, nicht entschieden.

In der Literatur wird von einigen Autoren die analoge Anwendung uneingeschränkt bejaht[16], andere Autoren lehnen eine analoge Anwendung generell ab[17].

Beide Auffassungen sind letztlich nicht überzeugend, da die Erscheinungsformen des Franchising zu vielgestaltig sind, als dass sich generelle Aussagen treffen ließen.

Richtig ist, einen Ausgleichsanspruch jedenfalls dann zu bejahen, wenn der Franchisenehmer ähnlich einem Vertragshändler in die Vertriebsorganisation des Herstellers eingebunden ist und auch die weiteren Anspruchsvoraussetzungen, die die Rechtsprechung an einen Vertragshändler stellt (s. o.), eingreifen. Damit wird bei Franchisesystemen zum Warenabsatz § 89 b HGB analog anzuwenden sein[18].

Vorsicht ist jedoch geboten, wenn es darum geht, die rechtliche Gestaltungsfreiheit und Austauschbarkeit von Vertriebssystemen zu ermitteln: So gibt es derzeit keine Austauschbarkeit zwischen dem Kfz-Vertrieb über die Kfz-GVO und den Franchisevertrieb über die Schirm-GVO[19]. Auch heute schließen sich die Schirm-GVO und die Kfz-GVO aus; der Unternehmer hat kein Wahlrecht, welche GVO er in Anspruch nehmen möchte.

Darüber hinaus ist sehr sorgfältig zu ermitteln, inwieweit gesetzliche Regelungen zwingend sind oder kraft Vereinbarung abgeändert werden können (Dispositivnormen). Im letzten Falle kommt es wiederum darauf

15 BGH, BB 1993 1, 2401; BGH, NJW 1994, 657; BGH, NJW-RR 1994, 99, 100; ausführlich Niebling, Vertragshändlerrecht, Rdnr. 384 ff.; Emde, § 89 b Rdnr. 30 ff.; Busche, in: Oetker, § 89 b Rdnr. 59 ff.; zum Ausgleichsanspruch des Versicherungsvertreters: BGH, Urt. v. 8. 5. 2014 – XI ZR 282/12; zuletzt BGH v. 5. 11. 2020 – VII ZR 188/19; Waschkuhn, ZVertriebsR 2022,32; Kirschhöfer/Beck, ZVertriebsR 2019, 3 (zum Datenschutz und § 89b HGB); Emde, ZVertriebsR 2020, 3

16 Köhler, NJW 1990, 1689; Grüneberg, BGB, Einführung vor § 581 Rdnr. 28; Hopt, § 84 Rdnr. 10

17 Jurgeleit, Moderne Partnerschaften S. 123 ff.

18 Ausführlich Niebling, a. a. O. Rdnr. 463

19 Zur Wirksamkeit dieser Regelung, Niebling, a. a. O. Rdnr. 124, 463

an, ob die Abweichung durch Allgemeine Geschäftsbedingungen erfolgt. Ist dies der Fall, so können die Gestaltungsspielräume wesentlich enger sein, als dies durch Individualvereinbarungen möglich ist. Der Anwendungsbereich des AGB-Rechts ist bereits dann gegeben, wenn die Bedingungen des Vertriebsvertrages für eine Vielzahl von Verträgen vorformulierte Vertragsbedingungen enthalten, die der Unternehmer dem Vertriebsmittler bei Abschluss des Vertrages stellt. Ausreichend ist hierfür, dass die Verwendung dieser Geschäftsbedingungen in zwei bis drei Fällen beabsichtigt ist; bereits dann kann man von einer Vielzahl von Verträgen sprechen[20]. Anders nur dann, wenn die Geschäftsbedingungen im Einzelnen ausgehandelt sind. Dies setzt voraus, dass für den Vertriebsmittler die (realistische) Möglichkeit besteht, die von der gesetzlichen Regelung abweichenden Geschäftsbedingungen inhaltlich zu ändern, unabhängig davon, ob dies tatsächlich erfolgt[21].

Die Anwendbarkeit des AGB-Rechts, die §§ 305–320 BGB, greift jedoch unabhängig von dem beabsichtigten Vertriebskonzept. Die Frage, ob der Vertriebsmittler Kaufmann ist und damit nach den Grundsätzen des AGB-Rechts nicht den gleichen Schutz wie ein Endverbraucher erhält (vgl. § 310 BGB), richtet sich nicht danach, ob der Vertriebsmittler Handelsvertreter, Vertragshändler oder Franchisenehmer ist, sondern danach, ob diese Vertriebsmittler als Kaufleute/Unternehmer angesehen werden können. Dies bestimmt sich nach den §§ 1–7 HGB. Damit sind Vertriebsmittler zumindest Kaufleute. Für den Vertragshändler ist § 1 Abs. 1 HGB einschlägig. Vertragshändler und Franchisenehmer werden ein Handelsgewerbe betreiben, so dass sie als Kaufleute anzusehen sind[22].

Da das HGB den Begriff des Minderkaufmannes gestrichen hat, spricht auch § 310 BGB nunmehr davon, dass die Vorschriften der §§ 305 Abs. 2 und 3, 308 und 309 BGB keine Anwendung finden auf AGB, die gegenüber einer Person verwendet werden, die bei Abschluss des Vertrages in Ausübung ihrer gewerblichen oder selbständigen beruflichen Tätigkeit handelt (Unternehmer)[23].

Wegen der besonderen Bedeutung des AGB-Rechts soll hierauf näher unter V. eingegangen werden.

20 Ausführlich Niebling, „Allgemeine Geschäftsbedingungen“, RdW-Band 175; dort auch zur Reform

21 BGH, NJW 1988, 410

22 Hopt, § 1 Rdnr. 10; zum AGB-Recht Niebling, ZVertriebsR 2012, 79

23 Ausführlich Horn, in: Wolf/Lindacher/Pfeiffer, § 310 Rdnr. 6 ff.; BGH v. 10. 11. 2021 – VIII ZR 187/20

2.3 Gründe für unterschiedliche Vertriebskonzepte

Die Wahl für ein bestimmtes Vertriebskonzept wird sich daher im Wesentlichen ausrichten an den Gesichtspunkten:

- Risikoverlagerung
  Da sich beim Händler- und Franchisevertrieb das Risiko der Weiterveräußerung nicht unmittelbar beim Unternehmer bemerkbar macht, liegen die Veräußerungsrisiken hier bei den Vertriebsmittlern; im Handelsvertretervertrieb bleibt der Unternehmer Vertragspartner, er erhält den Gegenwert seiner Ware erst mit der Veräußerung.
- Aufbauimage für Hersteller
  Am stärksten ausgeprägt ist die Möglichkeit, das Herstellerimage dem Endkunden zu vermitteln im Franchisevertrieb, da die FranchiseVO dem Franchisegeber die weitestgehenden rechtlichen Gestaltungsmöglichkeiten eröffnet und das einheitliche Auftreten am Markt der Franchisebetriebe auf der Corporate Identity des Franchisegebers beruht.
- Im Vertragshändlervertrieb können derartige Beschränkungen die Wettbewerbsfreiheit des Vertragshändlers beschränken und damit spürbar den Wettbewerb im Sinne des Kartellrechts beeinflussen, so dass sehr sorgfältig die aus Art. 81 EGV – jetzt Art. 101 AEUV – resultierenden Schranken beachtet werden müssen.
- Grad der Selbständigkeit
  Die Selbständigkeit und Eigenverantwortlichkeit ist insbesondere beim Vertragshändlersystem besonders ausgeprägt, da dieser nicht lediglich das Know-how des Unternehmers weiterführt, sondern eigenes Know-how entwickeln kann, um sein Geschäft erfolgversprechend zu führen.
- Rechtslage
  Wie ausgeführt, setzt die Wahl eines bestimmten Vertriebssystems oder dessen nähere Ausgestaltung Kenntnisse über die rechtlichen Rahmenbedingungen der Vertriebssysteme voraus. Zu beachten ist auch, dass die Rechtslage nicht immer gleich, sondern Wandlungen durch Gesetzgeber, insbesondere auch durch Rechtsprechung unterworfen ist und daher auch Vertriebsverträge fortlaufend der Anpassung bedürfen. Eine Anpassung kann einvernehmlich oder im Wege der Änderungskündigung erfolgen.

3. Was sind die Besonderheiten vorgenannter Vertriebssysteme?

Zunächst ist eine Definition für die vorgestellten Vertriebssysteme zu geben. Dies fällt angesichts bestehender gesetzlicher Definitionen leicht im Bereich Handelsvertreter- und Franchisevertrieb. Beim Vertragshändler gibt es keine

Legaldefinition, weil eine gesetzliche Regelung zu diesem Vertragstyp im Allgemeinen fehlt.

3.1 Wie definieren sich die Vertriebssysteme?

→ Handelsvertreter

Handelsvertreter ist, wer als selbständiger Gewerbetreibender ständig damit betraut ist, für einen anderen Unternehmer Geschäfte zu vermitteln oder in dessen Namen abzuschließen.

→ Vertragshändler

Vertragshändler ist der für den Hersteller in einem bestimmten Gebiet in der Regel ausschließlich tätige, d. h. im Namen und auf eigene Rechnung, allerdings in die Verkaufsorganisation des Herstellers eingegliederte Händler.

→ Franchise

Franchise ist eine Gesamtheit von Rechten an gewerblichem oder geistigem Eigentum (wie Warenzeichen, Handelsnamen, Ladenschilder, Gebrauchsmuster, Geschmacksmuster, Urheberrechte, Know-how oder Patente), die zum Zwecke des Weiterverkaufs von Waren oder der Erbringung von Dienstleistungen an Endverbraucher genutzt wird (Art. 1 Abs. 3 a Franchise-VO).

Von Bedeutung ist auch die Definition des Begriffs der Franchisevereinbarungen in Art. 1 Abs. 3 b FranchiseVO a. F. (Abschn. V. 2.) und Ziffer 2.5 (Nr. 199) der Leitlinien für vertikale Beschränkungen[24].

Hiernach sind **Franchisevereinbarungen** solche, in denen ein Unternehmer, der Franchisegeber, es einem anderen Unternehmen, dem Franchisenehmer, gegen unmittelbare oder mittelbare finanzielle Vergütung gestattet, eine Franchise zum Zwecke der Vermarktung bestimmter Waren und/oder Dienstleistungen zu nutzen. Sie müssen den folgenden Gegenstand enthalten:

- die Benutzung eines gemeinsamen Namens oder Zeichens sowie die einheitliche Aufmachung der vertraglich bezeichneten Geschäftslokale und/oder Transportmittel; die Mitteilung von Know-how durch den Franchisegeber an den Franchisenehmer;

24 Abl. EG v. 13.10.2000 Nr. C 291/39

– eine fortlaufende kommerzielle oder technische Unterstützung des Franchisenehmers durch den Franchisegeber während der Laufzeit der Vereinbarung.

3.2 Übersicht

Die nachfolgende Übersicht soll Gemeinsamkeiten und Unterschiede der Vertriebssysteme aufzeigen. Zum einen fällt auf, dass der Vertriebsmittler im Vertragshändler- und Franchisesystem eine etwas schwächere Position hat, wenn es um Direktgeschäfte des Unternehmers im Vertragsgebiet des Vertriebsmittlers geht. Diese sind grundsätzlich nicht unzulässig, können zumindest für Teilbereiche, z. B. Großkunden etc., vereinbart werden.

Die Rechtsposition des Handelsvertreters ist demgegenüber nach § 87 Abs. 2 HGB stark: Ist diesem ein bestimmter Bezirk oder ein bestimmter Kundenkreis zugewiesen, so hat er Anspruch auf Provision, auch für die Geschäfte, die ohne seine Mitwirkung mit Personen seines Bezirkes oder seines Kundenkreises während des Vertragsverhältnisses abgeschlossen sind[25].

	Handelsvertreter (HV)	Vertragshändler (VH)	Franchise
Vertragspartner?	Unternehmer/Kunde	VH/Kunde	Franchisenehmer/ Kunde
Selbständiger Gewerbetreibender?	+	+	+
Kaufmann?	+ (§ 1 HGB)	+	+
Eingliederung in die Verkaufsorganisation des Unternehmers?	+	+	+
Schutz gegen Direktgeschäfte?	bei vertragswidriger Direktlieferung hat HV Anspruch auf Provision und Schadensersatz	ohne Vereinbarung i. d. R kein Schutz des VH gegen Direktbezug des Kunden beim Unternehmer (Hersteller)	Direktgeschäfte wie bei VH grundsätzlich möglich

25 Übersicht zum Stand der Rechtsprechung: Emde, BB 2014, 2435 und BB 2018, 1859, 1923; Semler, ZVertriebsR 2022, 37 (Handelsvertreter); Metztlaff/Müller, ZVertriebsR 2020, 341 (Vertikal GVO); Flohr, ZVertriebsR 2022, 5 (Franchise)

	Handelsvertreter (HV)	Vertragshändler (VH)	Franchise
Kündigungsfrist	1. Jahr: 1 Monat 2. Jahr: 2 Monate 3. – 5. Jahr: 3 Monate 5 Jahre: 6 Monate; § 89 HGB Im Automobilvertrieb gilt jedoch auch hier die GVO 1400/2002	gilt **nicht** entsprechend, aber Spezialgesetze (z. B. GVO 1400/2002)	gilt **nicht** entsprechend
Ausgleichsanspruch bei Vertragsbeendigung	+ (§ 89 b HGB)	+ (entsprechend falls – Eingliederung – Verpflichtung des VH zur Übertragung des Kundenstammes besteht und – Unternehmer sich Vorteile zunutze machen kann	strittig + Warenvertriebsfranchise
Preisgestaltung	durch Unternehmer	durch VH	durch FN

4. Welches Vertriebssystem ist für mich das richtige?

Vor dem Hintergrund der vorstehenden Ausführungen sprechen insbesondere folgende Gesichtspunkte für ein bestimmtes Vertriebskonzept:

- Handelsvertretervertrieb
  die gesetzliche Regelung (Rechtssicherheit)[26],
- insbesondere für den Handelsvertreter starke Rechtspositionen durch Schutz gegen Direktgeschäfte,
  Ausgleichsansprüche bei Vertragsbeendigung ohne weitere Voraussetzungen, Preis- und Bedingungsgestaltungsfreiheit für den Unternehmer.
- Vertragshändlervertrieb
  die möglicherweise von beiden Vertragspartnern gewollte Selbständigkeit des Vertragshändlers, dessen Selbständigkeit die Einbindung eigenen Know-hows und Gestaltungsfreiheit im Detail ermöglicht.

26 Vgl. auch die HV-Richtlinie (hierzu: Emde, ZVertriebsR 2014, 218 und Wurster, EuZW 2014, 643; Semler, ZVertriebsR 2022, 37)

- Franchise
  die Kalkulierbarkeit des Franchiseerfolges aufgrund eines erprobten Know-how-Paketes.
  Verbesserungen des Vertriebskonzeptes können nur über den Franchisegeber im Rahmen einer Änderung des Franchisehandbuches, der Franchiserichtlinien etc. erfolgen.

5. Zur Vertragsgestaltung im Einzelnen

Die vorliegenden Muster dienen als **Orientierung, sie sind keinesfalls „blind" zu übernehmen.** Zunächst ist die Interessenlage beider Seiten zu ermitteln, wobei die vorstehenden Ausführungen möglicherweise hilfreich sein können. Sodann sollten die Beteiligten versuchen, mit eigenen Worten die aus ihrer Sicht wesentlichsten Fragen zu regeln. Erst dann sollten diese Entwürfe mit den hier vorgestellten Bedingungen verglichen werden, damit Sinn und Zweck bestimmter Regelungen festgestellt und ggf. Rechtfertigungen für eine Abweichung gegeben werden können. In Zweifelsfällen sollte man sich auch nicht scheuen, bei der zuständigen Industrie- und Handelskammer Rechtsrat zu suchen, Vorschläge bestimmter Verbände einzuholen oder einen auf dem Sachgebiet erfahrenen Rechtsanwalt einzuschalten. Erfahrungsgemäß machen sich die Bemühungen vor Vertragsschluss bezahlt und können keinesfalls ausgeglichen werden durch Aufklärung und Rechtsrat nach Vertragsschluss, wenn es zu einem Problem gekommen ist. Die vor Vertragsschluss investierte Zeit ist in der Regel richtig angelegt, wenn sie zu transparenten, den Interessen beider Seiten Rechnung tragenden Verträgen und zu einem weitgehend gleichen Grundverständnis geführt haben.

II. Handelsvertreterverträge

1. Handelsvertretervertrag (die Vorteile für den Unternehmer unterstreichend)

zwischen

Firma/Herr/Frau *(genauer Name, Rechtsform, Adresse)*

– nachfolgend „Handelsvertreter" genannt – und

Firma *(genauer Name, Rechtsform, Adresse)*

– nachfolgend „Unternehmer" genannt –

wird folgender

Handelsvertretervertrag,

der zum .... in Kraft tritt, geschlossen:

1.1 Rechtsstellung des Handelsvertreters und Vertragsgebiet

Der Handelsvertreter übernimmt als selbständiger[27] Bezirksvertreter[28] im Sinne von § 87 Abs. 2 HGB die (Allein-)[29] Vertretung des Unternehmens ... im Bezirk ...

---

27 Nach § 84 HGB ist der Handelsvertreter selbständiger Gewerbetreibender und ständig damit betraut, für den Unternehmer Geschäfte zu vermitteln und in dessen Namen abzuschließen. Selbständig ist nach § 84 Abs. 1 Satz 2, wer im Wesentlichen frei seine Tätigkeit gestalten und seine Arbeitszeit bestimmen kann. Soll der Handelsvertreter lediglich im Nebenberuf nach § 92 b HGB tätig werden, so müsste dies bereits hier klargestellt werden: **„Der Handelsvertreter übernimmt im Nebenberuf"** ... (Anmerkung: es folgt eine detaillierte Auflistung.) Wesentlicher Unterschied: Dem Handelsvertreter im Nebenberuf steht nach § 89 b HGB kein Ausgleichsanspruch zu, und bei einem auf unbestimmte Zeit eingegangenen Vertragsverhältnis kann dieses mit einer Frist von einem Monat für den Schluss eines Kalendermonats gekündigt werden. Auch der Handelsvertreter im Nebenberuf ist Handelsvertreter im Gegensatz zum angestellten Reisenden (auf diesen ist der Vertrag nicht zugeschnitten). Zum Kontrahierungszwang: Emde, ZVertriebsR 2021, 3

28 Hintergrund ist hier § 87 Abs. 2 HGB. Ist hiernach dem Handelsvertreter ein bestimmter Bezirk oder ein bestimmter Kundenkreis zugewiesen, so hat er Anspruch auf Provision auch für Geschäfte, die ohne seine Mitwirkung mit Personen seines Bezirkes oder seines Kundenkreises während des Vertragsverhältnisses abgeschlossen werden. Auch zur Vermeidung von Streitigkeiten im Rahmen des Ausgleichsanspruches (§ 89 b HGB) ist eine präzise Beschreibung des Vertreterbezirkes (ggf. auch nach Postleitzahlen) zu empfehlen.

29 Alleinvertretung bedeutet grundsätzlich, dass der Unternehmer ohne Zustimmung des Handelsvertreters nicht berechtigt ist, selbst oder durch Beauftragte im Vertragsgebiet tätig zu werden. Dieser starken Stellung des Alleinvertreters auf der einen Seite steht die (gesteigerte) Pflicht zum Tätigwerden auf der anderen Seite gegenüber. Aber auch ohne Alleinvertretung bei Zusage von Bezirks- oder Kundenschutz besteht ein Wettbewerbsverbot für den Unternehmer (Hopt, § 86 a Rdnr. 17; Emde, § 86 a Rdnr. 23 ff.; Oetker, § 86 a

Die genaue Begrenzung des Vertreterbezirkes (nachfolgend Vertragsgebiet genannt) ergibt sich aus dem Kartenausschnitt, der diesem Vertrag als Bestandteil beigefügt ist (Anlage 1)[30].

Der Unternehmer ist berechtigt, im Vertragsgebiet Vertragsprodukte ohne Einschaltung des Handelsvertreters zu verkaufen[31]. Der Provisionsanspruch des Handelsvertreters gemäß Ziffer... dieses Vertrages wird hierdurch nicht berührt.

Der Handelsvertreter übernimmt im Vertragsgebiet den vorhandenen Kundenstamm, sowie er sich im Einzelnen aus der diesem Vertrag beigefügten Anlage 2 ergibt. Hierin sind auch die in den letzten zwölf Monaten vor Beginn dieses Vertrages mit diesen Kunden erzielten Umsätze verzeichnet[32]:

1.2 Vertragsprodukte und Vertragskunden

Die Vertretung erstreckt sich auf folgende Punkte aus dem derzeitigen Vertriebsprogramm des Unternehmers:

Die Vertretung bezieht sich auf alle (potentiellen) Kunden, die im Vertragsgebiet ansässig sind (nachfolgend „Vertragskunden" genannt).

Ausgenommen sind folgende Vertragskunden: ...

folgende Vertragsprodukte: ...

1.3 Aufgaben und Befugnisse des Handelsvertreters

Der Vertreter wird sich mit allen geeigneten Mitteln darum bemühen, den Absatz der Vertragsprodukte im Vertragsgebiet nachhaltig zu fördern. Diese Pflicht erstreckt sich auf alle Vertragsprodukte und auf die Vertragskunden des gesamten Vertragsgebietes[33].

Er hat insbesondere die Aufgabe, Verkaufsgeschäfte für den Unternehmer in dessen Namen und auf dessen Rechnung im Vertragsgebiet zu vermitteln, neue Kunden zu werben, die Geschäftsverbindungen zu vorhandenen Kunden zu vertiefen und zu erweitern und dieselben sorgsam zu pflegen. Er wird hierzu ein aktives Marketing entfalten und das Vertragsgebiet regelmäßig bereisen.

[Fortsetzung Fußnote 29]
Rdnr. 27). Im Falle einer Alleinvertretung ist daher Absatz 3 dieses Mustertextes zu streichen.

30 Eine Änderung des Vertreterbezirkes ist hiernach nur einvernehmlich möglich, in der Regel durch Erklärung einer „Änderungskündigung". Formularmäßige (einseitige) Änderungsbefugnisse des Unternehmers unterliegen § 307 BGB und sind in der Regel unwirksam.

31 Bei einer Alleinvertretung (siehe oben Fn. 29) ist dieser Absatz zu streichen.

32 Diese Regelung dient der Klarstellung im Vorgriff auf zu erwartende Auseinandersetzungen nach § 89b HGB.

33 Der Handelsvertreter ist Interessenwahrer des Unternehmers, nicht unparteiischer Makler zwischen beiden Parteien des abzuschließenden Geschäftes (BGH, BB 1979, 242; Hopt, § 86 Rdnr. 20; Busche, in: Oetker, § 86 Rdnr. 3 ff.; Emde, § 86 Rdnr. 3, 14, 69).

Bei der Ausübung seiner Tätigkeit hat der Handelsvertreter die Interessen des Unternehmers mit der Sorgfalt eines ordentlichen Kaufmannes wahrzunehmen[34].

Der Handelsvertreter hat keine Abschlussvollmacht, keine Befugnis zum Inkasso und keine sonstigen Vollmachten, den Unternehmer zu verpflichten. Abweichende Vereinbarungen hiervon bedürfen der Schriftform und gelten nur bis auf Widerruf, der jederzeit zulässig ist[35].

Er wird den Unternehmer beim Einzug von Forderungen gegen Kunden unterstützen, ist jedoch nicht befugt, Mängelanzeigen und ähnliche Erklärungen entgegenzunehmen, durch die die Kunden Rechte wegen mangelhafter Lieferungen geltend machen oder sich vorbehalten. Entsprechende Erklärungen wird der Handelsvertreter gleichwohl dem Unternehmer unverzüglich weiterreichen und, soweit erforderlich, für eine Sicherung der erforderlichen Beweise sorgen. Er ist nicht berechtigt, zu Lasten des Unternehmers Erklärungen abzugeben[36].

Der Handelsvertreter darf Untervertreter und ähnliche Personen (z. B. angestellte Reisende) nur mit schriftlicher Zustimmung des Unternehmers bestellen. Er haftet für deren Verhalten wie für eigenes Verschulden. Entsprechende Verträge sind dem Unternehmer vor Unterzeichnung zur Genehmigung vorzulegen. Es ist sicherzustellen, dass derartige Verträge mit Beendigung dieses Vertretervertrages enden[37].

1.4 Pflichten des Unternehmers

Der Unternehmer wird dem Handelsvertreter die zur Ausübung seiner Tätigkeit erforderlichen Unterlagen (Muster, Zeichnungen, Preislisten, Werbedrucksachen, Geschäftsbedingungen) unentgeltlich zur Verfügung stellen, jeweils ergänzen und aktualisieren.

Diese Unterlagen sowie ggf. leihweise zur Verfügung gestellte Musterkollektionen verbleiben im Eigentum des Unternehmers, soweit sie nicht bestimmungsgemäß verbraucht sind[38].

---

34 An sich überflüssig, da sich dies aus § 86 HGB ergibt. Da diese Pflicht jedoch wesensbestimmend für den Handelsvertreter (HV)-Vertrag ist, ist ein Hinweis des Unternehmers hierauf im Vertrag verständlich.

35 Wird eine Inkassovollmacht erteilt, führt dies dazu, dass der Handelsvertreter Anspruch auf Inkassoprovision für die von ihm auftragsgemäß eingezogenen Beträge hat (§ 87 Abs. 4 HGB).

36 Klarstellung, dass der Handelsvertreter nicht Partei des Rechtsgeschäftes ist und die Vertretungsmacht beschränkt ist.

37 Wird ein Untervertreter vom Handelsvertreter beauftragt, so besteht ein Vertragsverhältnis nur zwischen dem Hauptvertreter (der insoweit zum Unternehmer wird) und dem Untervertreter. Zwischen dem (Haupt-)Unternehmer und dem Untervertreter entstehen keine Vertragsbeziehungen. Der Untervertreter ist aber Erfüllungsgehilfe (§ 278 BGB) des Hauptvertreters bei der Erfüllung seiner Pflichten gegenüber dem (Haupt-)Unternehmer.

38 Es handelt sich hierbei um eine nähere Ausformulierung von § 86a Abs. 1 HGB. In der Regel wird der Unternehmer auch vorhandene und für den HV nützliche Kundenlisten ebenfalls zu übergeben haben. Musterkoffer, Geschäftseinrichtungen, Büromaterial, Pkw u. a. müssen nur dann vom Unternehmer gestellt werden, wenn dies vereinbart ist (Hopt, § 86 a Rdnr. 5).

Der Unternehmer wird den Handelsvertreter bei der Ausübung seiner Tätigkeit nach besten Kräften unterstützen und ihm stets die erforderlichen Nachrichten und Auskünfte geben. Insbesondere wird der Handelsvertreter unverzüglich über die Annahme oder Ablehnung eines vermittelten Geschäftes sowie die ganze oder teilweise Nichtausführung eines abgeschlossenen Geschäftes und die Gründe informieren, auf denen die Nichtausführung beruht. Der Handelsvertreter wird auch unverzüglich darüber unterrichtet, wenn die vermittelten Geschäfte voraussichtlich nur in erheblich geringerem Umfang abgeschlossen werden, als nach den Umständen zu erwarten ist[39].

Insbesondere wird der Handelsvertreter über betriebsinterne Vorgänge informiert, die dazu führen, dass neue Aufträge nur in erheblich geringerem Umfang angenommen oder eine erhebliche Verzögerung vereinbarter Liefertermine zu erwarten sind.

Dem Handelsvertreter werden unverzüglich Kopien des mit Vertragskunden geführten Schriftwechsels übermittelt, soweit dies für den Handelsvertreter von rechtlichem Interesse ist. Der Unternehmer wird den Handelsvertreter auch über unmittelbare Verhandlungen mit Vertragskunden informieren.

Der Unternehmer wird den Handelsvertreter darüber hinaus auch über Preisänderungen, geplante Kooperationen oder Fusionen mit anderen Unternehmen, Veräußerung des Unternehmens an Dritte und Änderungen der Geschäftsgrundlagen unterrichten.

1.5 Pflichten des Handelsvertreters

Der Handelsvertreter ist verpflichtet, den Weisungen des Unternehmers Folge zu leisten, gleichgültig ob diese allgemein oder nur für den Einzelfall gegeben werden.

Bei der Erteilung von Weisungen wird der Unternehmer der selbständigen Stellung des Handelsvertreters Rechnung tragen[40].

39 Entspricht § 86 a Abs. 2 HGB (abweichende Vereinbarungen hiervon sind unwirksam: § 86 a Abs. 3 HGB).

40 Der Handelsvertretervertrag ist Dienstvertrag über eine Geschäftsbesorgung (§§ 611 ff., 675 BGB). Das für einen Arbeitsvertrag charakteristische Weisungsrecht des Arbeitgebers besteht daher nicht. Grundsätzlich ist daher § 675 BGB anzuwenden, wonach der Beauftragte berechtigt ist, von den Weisungen des Auftraggebers abzuweichen, wenn er den Umständen nach annehmen darf, dass der Auftraggeber bei Kenntnis der Sachlage die Abweichung billigen würde. Der Beauftragte hat hiernach jedoch vor der Abweichung dem Auftraggeber Anzeige zu machen und dessen Entschließung abzuwarten, wenn nicht mit dem Aufschub Gefahr verbunden ist. Abweichungen hiervon können insbesondere unter Berücksichtigung der Natur des Vertrages und der selbständigen Stellung des Handelsvertreters im Rahmen von § 307 BGB formularmäßig vereinbart werden. Hiernach darf die Selbständigkeit des Handelsvertreters im Kern angetastet werden, z. B. Weisungen nach Art eines „Franchise-Handbuches“.

An vom Unternehmer angebotenen Informationsveranstaltungen und Vertreterbesprechungen hat der Handelsvertreter, soweit nicht wichtige Gründe entgegenstehen, teilzunehmen.

Der Handelsvertreter beachtet bei den Verhandlungen mit den Kunden die vom Unternehmer festgesetzten Preise, Lieferfristen und technische Spezifikationen. Die jeweils gültigen Liefer- und Zahlungsbedingungen sind der Vertragsanbahnung zugrunde zu legen[41].

Der Handelsvertreter hat den Unternehmer über jede Geschäftsvermittlung und über aktuelle Geschäftsanbahnungen mittels Kopien der Korrespondenz bzw. Aktenvermerke fortlaufend zu unterrichten. Besondere Geschäftsmöglichkeiten und sonstige Ereignisse, die eventuell rasche Reaktionen des Unternehmers erfordern, hat er unverzüglich mitzuteilen[42].

Im Übrigen wird der Handelsvertreter alle ... Monate berichten (Kundenkreis, Kundenwünsche, Kundenkritik, eigene Aktivitäten, Verhalten des Wettbewerbs sowie die wirtschaftliche Entwicklung im Vertragsgebiet).

Auf Anforderung des Unternehmers hat der Handelsvertreter einmal jährlich eine schriftliche Prognose über die voraussichtlichen Einkäufe der Vertragskunden im kommenden Jahr abzugeben, der Unternehmer kann eine nach Produktgruppen spezifizierte Prognose verlangen[43].

Der Handelsvertreter wird Änderungen seiner Gesellschaftsform bzw. im Bestand seiner Gesellschaft und seiner Geschäftsführung unverzüglich mitteilen[44].

Der Handelsvertreter prüft eigenverantwortlich möglichst frühzeitig die Bonität der betreffenden Kunden und unterstützt die Bemühungen des Unternehmers zur Fest-

41 Das Preis- und Konditionenbindungsverbot, das sich aus § 1 GWB ergeben kann (Gestaltungsfreiheit des Vertragspartners für Zweitverträge), gilt nicht für echte Handelsvertreter. Dies folgt daraus, dass der Unternehmer selbst das Geschäftsrisiko der lediglich vom Handelsvertreter vermittelten Verträge trägt (BGHZ 97, 317 – Telefunken).

42 Insoweit nähere Ausformulierung von § 86 Abs. 2 HGB, wonach der Handelsvertreter dem Unternehmer die erforderlichen Nachrichten zu geben, namentlich ihm von jeder Geschäftsvermittlung und von jedem Geschäftsabschluss unverzüglich Mitteilung zu machen hat.

43 Ob es sich hierbei um „erforderliche Nachrichten" im Sinne von § 86 Abs. 2 HGB handelt oder eine „Verschärfung" der Pflichten des Handelsvertreters vorliegt, die nach dieser – zwingenden – Regelung zu beanstanden ist, mag zweifelhaft sein. Da modernes Marketing ohne Prognoseentscheidungen nicht möglich ist, sind jedoch derartige Prognosen noch als „erforderliche Nachrichten" anzusehen (eine vergleichbare Klausel findet sich – ohne Kommentierung – bei Detzer/Reichardt, Verträge mit ausländischen Handelsvertretern, unter Ziffer 6.4).

44 Das berechtigte Interesse des Unternehmers, derartige Änderungen zu erfahren, ergibt sich daraus, dass derartige Änderungen die Geschäftsgrundlage der Zusammenarbeit berühren können und die Frage aufgeworfen wird, ob hierin ein wichtiger Grund für die Vertragsbeendigung liegen kann.

stellung der Zahlungsfähigkeit. Zweifel an der Bonität von Kunden wird er unverzüglich dem Unternehmer anzeigen[45].

Der Handelsvertreter berät und unterstützt auch das im Vertragsgebiet entsandte Personal des Unternehmers, auch soweit Direktgeschäfte des Unternehmers betroffen sind[46].

Der Handelsvertreter ist nicht berechtigt, Marken (Warenzeichen), Handelsnamen und sonstige Zeichen des Unternehmers (oder Zeichen/Namen, die hiermit verwechslungsfähig sind) weder innerhalb noch außerhalb des Vertragsgebietes für sich eintragen zu lassen.

Zur Marken (Warenzeichen)verwendung ist der Handelsvertreter während der Vertragslaufzeit grundsätzlich berechtigt, soweit dem nicht Interessen des Unternehmers entgegenstehen[47].

Der Handelsvertreter hat eigenverantwortlich sicherzustellen, dass die Regeln des lauteren Wettbewerbs eingehalten werden. Er wird den Unternehmer bei der Abwehr unlauteren Wettbewerbs durch Wettbewerber und bei der Sicherung gewerblicher Schutzrechte unterstützen und, soweit möglich, unlauteren Wettbewerb, der für den Handelsvertreter oder den Unternehmer nachteilig sein kann, im eigenen Namen unterbinden[48].

Der Handelsvertreter wird die ihm ausgehändigten Unterlagen nur im Interesse des Unternehmers verwenden. Geschäfts- und Betriebsgeheimnisse, die ihm während seiner Tätigkeit bekannt werden, dürfen weder selbst verwertet noch Dritten zugänglich gemacht werden. Dies gilt auch für die Zeit nach Vertragsende[49].

---

45 § 86 Abs. 2 HGB ist Ausdruck einer allgemeinen Interessenwahrungspflicht, die wesensbestimmend und zwingend das gesamte Vertragsverhältnis beherrscht. Bereits hieraus könnte man folgern, dass sich der HV bei der Vertragsanbahnung über die Bonität, Kredit- und Vertrauenswürdigkeit möglicher Kunden erkundigt und eventuelle Zweifel hieran dem Unternehmer mitteilt (so Hopt, § 86 Rdnr. 21). In jedem Fall ist es zulässig, diese Bonitätsprüfung – auch formularmäßig – zu vereinbaren; hierin liegt kein Verstoß gegen § 307 BGB. Für die Bonität des Kunden muss er nur einstehen bei Delkredere (siehe Ziffer 6. des Vertrages). Verstöße des HV gegen diese Regelung können zum Schadensersatz gegenüber dem Unternehmer führen.

46 Im Falle der Alleinvertretung (siehe oben Anm. 29) ist diese Regelung zu streichen.

47 Zu beachten ist jedoch, dass die Warenzeichenverwendung für den Handelsvertreter wettbewerbsrechtlich zulässig sein muss, insbesondere keine Irreführung (§ 3 UWG) der Verkehrskreise hiermit verbunden ist, wonach der Handelsvertreter als Vertragspartner angesehen werden könnte. Auch deshalb ist die nachfolgende Regelung anzuraten.

48 Vgl. Anm. 29

49 Entspricht § 90 HGB und beruht auf der allgemeinen Verschwiegenheitspflicht des Handelsvertreters. Aus der Interessenwahrungspflicht folgt auch ein Verwertungsverbot bezüglich der Geschäfts- und Betriebsgeheimnisse. Z. B. darf der Handelsvertreter Kundenlisten während der Vertragszeit auch nicht außerhalb der Branche des Unternehmers Dritten zugänglich machen oder verwerten. Geschäfts- und Betriebsgeheimnisse sind die mit dem Geschäftsbetrieb des Unternehmers zusammenhängenden Tatsachen, die nur einem eng begrenzten Personenkreis zugänglich, also nicht offenkundig sind und nach dem bekunde-

Der Handelsvertreter wird den Unternehmer auch unverzüglich darüber unterrichten, dass außerhalb seines Gebietes, Kunden- oder Produktzuständigkeitsbereiches Interesse am Verkaufsprogramm des Unternehmers besteht[50].

Ist der betreffende Kunde neu und war bis dahin ein an sich zuständiger Handelsvertreter nicht eingeschaltet, so erhält der vermittelnde Handelsvertreter für die hieraus entstehenden Verkaufsgeschäfte des Unternehmers Provision. Der eigentlich zuständige Vertreter besitzt keinen Anspruch auf Provision.

Wird die weitere Anbahnung und Abwicklung des Geschäftes jedoch durch den zuständigen Vertreter betreut, so ist die Provision nach der Bedeutung der jeweiligen Mitwirkung durch den Unternehmer nach billigem Ermessen aufzuteilen.

Für Folgeaufträge neuer Kunden und für Geschäfte, die auf Messen angebahnt werden, steht grundsätzlich nur dem zuständigen Vertreter ein Anspruch auf Provision zu.

Der Handelsvertreter ist ohne schriftliche Zustimmung des Unternehmers nicht berechtigt, die Vertragsprodukte im eigenen Namen und auf eigene Rechnung zu veräußern. Eine Provisionspflicht für diese Eigengeschäfte besteht nicht[51].

1.6 Delkredere

Der Handelsvertreter verpflichtet sich, für die Erfüllung der Verbindlichkeiten von Kunden aus solchen Geschäften einzustehen, die er zumindest mitursächlich für den Unternehmer vermittelt hat[52].

Der Umfang der Delkrederehaftung beläuft sich auf ... % der Forderung, die dem Unternehmer aus dem betreffenden Geschäft gegen diesen Kunden zusteht.

Dem Handelsvertreter steht für die Übernahme des Delkredere eine Delkredereprovision zu, die sich auf ... % der zugrunde liegenden Forderung des Unternehmers

[Fortsetzung Fußnote 49]
ten oder vermuteten Willen des Unternehmers geheim gehalten werden sollen (im Einzelnen Hopt, § 90 Rdnr. 5 ff.).

50 Nähere Ausformulierungen der „Bemühungspflicht" nach § 86 Abs. 1 HGB, die auch formularmäßig im Rahmen von § 307 BGB erweitert werden kann, wenn sie die Handelsvertreter nicht unangemessen benachteiligt. Dies kann hier nicht angenommen werden.

51 Entspricht der gesetzlichen Regelung und der Natur des Handelsvertretervertrages. Wer im eigenen Namen für andere gewerbsmäßig Geschäfte abschließt, ist nicht Handelsvertreter, sondern Kommissionär (§§ 383 ff. HGB).

52 Ziffer 1.6. dieses Vertrages kann insgesamt gestrichen werden, wenn die Parteien nicht wollen, dass der Handelsvertreter für die Erfüllung der Verbindlichkeit aus einem Geschäft selbst einstehen soll und die zwingende Rechtsfolge der Delkredereprovision eintritt. Die Übernahme des Delkredere wird überwiegend als Bürgschaft (§ 765 Abs. 1 BGB) angesehen: Hopt, § 86 b Rdnr. 6. Voraussetzung ist daher in jedem Fall das Bestehen einer Forderung des Unternehmers gegen den Kunden („Hauptverbindlichkeit"). Grundsätzlich kann der Handelsvertreter daher auch den Unternehmer darauf verweisen, zunächst gegen den Kunden vorzugehen (§§ 768, 770, 771 BGB). Zwischen Kaufleuten kann entsprechend der selbstschuldnerischen Bürgschaft eine unmittelbare Inanspruchnahme des Handelsvertreters vereinbart werden (was hier nicht geschehen ist).

beläuft. Der Anspruch auf die Delkredereprovision ist jeweils mit dem Abschluss des zugrunde liegenden Geschäftes fällig und zahlbar.

Alle Kunden, bezüglich deren Verpflichtungen eine Delkrederehaftung des Handelsvertreters nach den vorstehenden Bestimmungen besteht, sind in einem Delkredereverzeichnis aufgelistet, das diesem Vertrag als Anlage 3 beigefügt ist. Der Handelsvertreter verpflichtet sich, dem Unternehmen neue Kunden zur Aufnahme in das Delkredereverzeichnis aufzugeben. Dies hat gleichzeitig mit der Übersendung des ersten Auftrages, spätestens jedoch vor der Ausführung der ersten Lieferung unaufgefordert zu erfolgen.

1.7 Provisionspflichtige Geschäfte

Provisionspflichtig sind alle Verkaufsgeschäfte über Vertragsprodukte, die der Unternehmer während der Dauer dieses Vertrages mit Vertragskunden abschließt, gleichgültig, ob der Geschäftsabschluss auf die Mitwirkung des Handelsvertreters zurückzuführen ist oder nicht. Der Unternehmer wird den Vertragsabschluss, der vom Handelsvertreter noch vor Vertragsbeendigung vermittelt oder eingeleitet wurde, nicht unbillig verzögern[53].

Kauft ein Vertragskunde, der mehrere Niederlassungen hat, wobei die Haupt- bzw. Zweigniederlassung in verschiedenen Vertragsgebieten ansässig sind, so ist das betreffende Geschäft provisionsmäßig allein demjenigen Handelsvertreter zuzuordnen, der für die Niederlassung zuständig ist, in der das Geschäft angebahnt wurde. Wirken beide Handelsvertreter mit, so ist die Provision zu teilen.
In Zweifelsfällen entscheidet der Unternehmer nach billigem Ermessen unter Anhörung der Handelsvertreter.

Es bestehen keine Ansprüche auf Provisionen oder Ersatzansprüche für

- Entschädigungen von Versicherungen, die der Unternehmer statt des Kaufpreises erhält,
- unentgeltliche Lieferungen (z. B. aufgrund Gewährleistung oder Kulanz),

53 Für den Fall, dass dem Handelsvertreter ein bestimmter Bezirk oder ein bestimmter Kundenkreis zugewiesen ist, hat dieser nach § 87 Abs. 2 Anspruch auf Provision auch für die Geschäfte, die ohne seine Mitwirkung mit Personen seines Bezirkes oder seines Kundenkreises während des Vertragsverhältnisses abgeschlossen sind. Nach § 87 Abs. 3 ist darüber hinaus eine Provisionspflicht auch für Geschäfte vorgesehen, die erst nach Beendigung des Vertragsverhältnisses abgeschlossen werden, wenn das Geschäft überwiegend auf die Tätigkeit des – ausscheidenden – Handelsvertreters zurückzuführen ist (im Einzelnen § 87 Abs. 3 HGB). Da § 87 HGB nicht zwingend ist, sind abweichende Regelungen – in den Grenzen von § 307 BGB bei formularmäßiger Verwendung – möglich. Die vorliegende Vertragsfassung ist nicht unbedenklich, da der Handelsvertreter während der Vertragslaufzeit das seinerseits Erforderliche getan haben kann und nicht mehr von seinem Willen abhängt, ob und wann der Unternehmer den Vertrag zustande bringt. Vor diesem Hintergrund wird angeraten, den letzten Satz in Ziffer 1.7 Abs. 1 aufzunehmen; ob hierdurch allerdings die Risiken eines Verstoßes gegen § 307 BGB ausgeräumt werden, bleibt ungewiss.

– Lieferungen von Kunden des Unternehmers in das Vertragsgebiet, außer der Unternehmer hat diese Art der Geschäftsgestaltung initiiert.

1.8 Entstehung und Fälligkeit des Provisionsanspruches

Der Provisionsanspruch des Handelsvertreters entsteht unbedingt, sobald und soweit die Firma das Geschäft ausgeführt oder die Geschäftsausführung nach den mit den Kunden getroffenen Vereinbarungen erfolgen müsste. Unterbleibt die Geschäftsausführung, entfällt der Provisionsanspruch nur dann, wenn die Nichtausführung des abgeschlossenen Geschäfts auf Umständen beruht, die vom Unternehmer zu vertreten sind oder die sonstigen Voraussetzungen nach Ziffer 1.9 dieses Vertrages erfüllt sind.

Ist der Kunde vorleistungspflichtig, entsteht der Provisionsanspruch bereits dann, wenn und soweit der Kunde seiner Vorleistungspflicht genügt.

Der Provisionsanspruch wird in dem Zeitpunkt fällig, in dem gemäß Ziffer 1.12 dieses Vertrages spätestens über die Provision abzurechnen ist.

1.9 Wegfall des Provisionsanspruchs

Der Provisionsanspruch entfällt[54]

– wenn und soweit die Nichtausführung des abgeschlossenen Geschäfts auf Umständen beruht, die vom Unternehmer nicht zu vertreten sind,
– wenn festeht, dass der Kunde nicht leistet; er mindert sich, wenn der Kunde nur teilweise leistet. Bereits empfangene Beträge hat der Handelsvertreter dem Unternehmer zurückzuzahlen.

Eine Verpflichtung des Unternehmers zur gerichtlichen Geltendmachung und Vollstreckung ihres Erfüllungsanspruches gegenüber dem Kunden besteht nur, wenn diese Maßnahme Aussicht auf Erfolg bietet. In anderen Fällen ist der Unternehmer zur gerichtlichen Geltendmachung und zur Vollstreckung ihres Erfüllungsanspruches nur verpflichtet, wenn der Handelsvertreter dies verlangt und wenn er sich an den Verfahrenskosten angemessen beteiligt[55].

54 Grundsätzlich steht es dem Unternehmer frei, das vom Handelsvertreter vermittelte Geschäft anzunehmen oder abzulehnen. Ein unbegründetes Nichtabschließen vermittelter Geschäfte kann dem Handelsvertreter jedoch z. B. bei vertragswidriger Benachteiligung einen Grund zur fristlosen Kündigung geben und Ansprüche auf Ersatz des durch die Vertragsauflösung entstandenen Schadens entstehen lassen.

55 Nach § 87a Abs. 3 Satz 2 HGB entfällt bei Nichtausführung des Geschäftes die Provision, wenn und soweit diese auf Umständen beruht, die vom Unternehmer nicht zu vertreten sind. Im Umkehrschluss bedeutet dies, dass in den Fällen, in denen der Unternehmer die Nichtausführung des Geschäftes zu vertreten hat, der Anspruch auf Provision nicht berührt werden soll. Vertreten müssen bedeutet hier nicht nur Verschulden (§§ 276, 278 BGB) bzw. Einstehenmüssen bei Gattungsschulden (§ 279 BGB), sondern auch das Einstehenmüssen für zurechenbare Risiken. Nicht in der Risikosphäre des Unternehmers liegt es, wenn „in der Person des Dritten ein wichtiger Grund für die Nichtausführung vorliegt“ (so zum bisherigen Gesetzeswortlaut BGH, MDR 1961, 312, BB 1971, 1430). Nicht zu vertreten ist grundsätzlich auch Streik beim Unternehmer oder Vorlieferanten. Eine Klausel, wonach der Unternehmer generell bei Abnahmeverzug nicht gerichtlich vorzugehen braucht, wäre

Der Unternehmer ist auch berechtigt, den Handelsvertreter zur Geltendmachung der Forderung in eigenem Namen zu ermächtigen oder die Forderung zur Sicherung des Provisionsanspruches abzutreten.

1.10 Berechnung und Höhe der Provision

Der Provisionsanspruch des Handelsvertreters errechnet sich aus dem in Rechnung gestellten Warennettowert (Warenwert ohne Mehrwertsteuer). Sie wird dem Handelsvertreter zuzüglich der auf diese Provision entfallenden Mehrwertsteuer geschuldet, soweit der Handelsvertreter mehrwertsteuerpflichtig ist.

Die Provision beträgt

2.1 für vom Handelsvertreter unter Berücksichtigung der AGB und der jeweils gültigen Preisliste der Firma vermittelte/abgeschlossene Geschäfte mit neugeworbenen Kunden ... %

2.2 für Geschäfte mit übernommenen Altkunden ... %

2.3 für Geschäfte, die ohne Mitwirkung des Handelsvertreters unmittelbar vom Unternehmer abgeschlossen werden (Direktgeschäfte) ... %

2.4 für die Durchführung des Inkassos ...

2.5 für die Übernahme des Delkredere ... %

Rabatte, zu deren Gewährung der Unternehmer im Einzelfall ausnahmsweise gezwungen sein kann, tragen der Handelsvertreter und der Unternehmer jeweils in einem Verhältnis von zwei Dritteln zu einem Drittel.

Dem Kunden gewährte Nachlässe (Skonti, Mengen- und Treuerabatte) sind für die Provisionsberechnung vom Netto-Rechnungsbetrag abzuziehen[56].

Nebenkosten (z. B. Fracht, Porto, Zoll, Steuern etc.) führen nur dann zu einer Minderung der Provision, wenn sie dem Kunden gesondert in Rechnung gestellt werden[57].

Für Geschäfte über reduzierte Sonderposten und Produkte II. Wahl, die der Unternehmer mit Bezirkskunden abschließt, erhält der Handelsvertreter keine Provision. Für Geschäfte, die der Handelsvertreter mit bezirkszugehörigen Kunden über Sonderposten und Produkte II. Wahl vermittelt, erhält er eine Provision von ... %.

Abweichungen von diesen Prozentsätzen bedürfen der ausdrücklichen schriftlichen Vereinbarung.

[Fortsetzung Fußnote 55]
unwirksam (Hopt § 87a Rdnr. 32, OLG Karlsruhe, BB 1974, 904; Busche, in: Oetker, § 87a Rdnr. 19; zum Provisionsanspruch in der Insolvenz des Unternehmers: Emde, § 87a Rdnr. 87)

56 Nach den gesetzlichen Regelungen sind Nachlässe bei der Barzahlung nicht abzuziehen (§ 87b Abs. 2 Satz 2 HGB). Individualvertraglich können hiervon auch Abweichungen vereinbart werden. Im Rahmen der Verwendung allgemeiner Geschäftsbedingungen ist § 307 BGB zu beachten. Aber auch hiernach dürften keine Probleme bestehen, sofern die Nachlässe wettbewerbsrechtlich zulässig sind und tatsächlich gewährt werden.

57 Diese Möglichkeit sieht § 87b Abs. 2 Satz 2 HGB ausdrücklich vor.

1.11 Sonderprovision und Lagervergütung

Der Handelsvertreter erhält für die von ihm jeweils gegenüber dem Vorjahr erzielten Umsatzsteigerungen mit von ihm neugeworbenen und bei Vertragsbeginn übernommenen Kunden eine Sonderprovision in Höhe von ... %. Für die Berechnung dieser Sonderprovision ist allein die Umsatzsteigerung gegenüber dem Vorjahr in dem Zeitraum vom ... bis zum ... maßgebend.

Als Vergütung für die ggf. vereinbarte Unterhaltung eines Auslieferungslagers erhält der Handelsvertreter eine Lagervergütung in Höhe von ... % des Lagerumsatzes.

Der Handelsvertreter hat darüber hinaus keinen Anspruch auf Erstattung der ihm im Rahmen seines Geschäftsbetriebes entstehenden üblichen Kosten.

1.12 Provisionsabrechnung

Der Unternehmer hat über die Provision, auf die der Handelsvertreter Anspruch hat, monatlich spätestens zum Ende des der unbedingten Entstehung des Provisionsanspruches folgenden Kalendermonats abzurechnen.

Der Handelsvertreter ist verpflichtet, die Durchschrift der ihm erteilten Abrechnung unverzüglich nach Zugang zu prüfen und mit seinem Bestätigungsvermerk oder evtl. Einwendungen an den Unternehmer zurückzuschicken[58].

1.13 Krankheit/Urlaub

Der Handelsvertreter hat den Unternehmer unverzüglich zu unterrichten, wenn er aus krankheitsbedingten oder sonstigen Gründen (z. B. Schwangerschaft) länger als eine Woche an der Ausübung seiner Tätigkeit gehindert ist[59].

Ist die Tätigkeitsverhinderung des Handelsvertreters von längerer Dauer, ist der Unternehmer berechtigt, selbst oder durch Beauftragte im Bezirk des Handelsvertreters tätig zu werden. Die Auswahl des Beauftragten obliegt allein dem Unternehmer.

Während der ersten vier Wochen der Tätigkeitsunterbrechung hat der Handelsvertreter für die nachgewiesenen Reisespesen einer von der Firma gestellten Ersatzkraft aufzukommen. Bis zu einer Krankheitsdauer von drei Monaten hat der Handelsvertreter zusätzlich dem Unternehmer das Gehalt des Beauftragten in angemessenem Rahmen zu erstatten.

Bei einer Tätigkeitsunterbrechung von mehr als drei Monaten werden die Partner Gespräche über eine nachhaltige Sicherung der Absatzinteressen des Unternehmers führen.

58 Unwirksam wären Klauseln, nach denen die Abrechnung mangels Widerspruchs des Handelsvertreters in bestimmter Frist als genehmigt gilt (OLG Karlsruhe, BB 1980, 226; a. A. OLG Saarbrücken, DB 1985, 2399).

59 Die Wirksamkeit dieser Klausel ist umstritten, sie ist jedoch aufgrund der allgemeinen Rechenschaftspflicht des Handelsvertreters zu bejahen. Zu höhere Gewalt-Klauseln: Graf von Westphalen, ZVertriebsR 2020, 275

Der Handelsvertreter ist grundsätzlich verpflichtet, seinen Urlaub in die geschäftsarme Zeit zu legen und den Urlaubstermin rechtzeitig mit dem Unternehmer abzustimmen. Er hat dafür Sorge zu tragen, dass während seines Urlaubs die Betreuung der Kundschaft sichergestellt ist.

1.14 Dauer des Vertrages/Vertragsbeendigung

Dieser Vertrag wird auf unbestimmte Zeit abgeschlossen. Er endet durch Kündigung oder durch Tod des Handelsvertreters.

Eine ordentliche Kündigung kann unter Einhaltung der gesetzlichen Fristen nur zum Schluss eines Kalendervierteljahres erfolgen.

Das Recht beider Vertragspartner zur Kündigung aus wichtigem Grund wird hierdurch nicht berührt.

Die Kündigung muss schriftlich erfolgen.

1.15 Wettbewerb des Handelsvertreters

Der Handelsvertreter hat mit Wirksamkeit dieses Vertrages folgende Vertretungen inne und/oder übt die folgenden gewerblichen Tätigkeiten aus: ...

Der Unternehmer ist mit der Weiterführung dieser Vertretungen bzw. Fortsetzung der gewerblichen Tätigkeit einverstanden.

Der Handelsvertreter ist während des Vertragsverhältnisses nicht berechtigt, ohne ausdrückliche schriftliche Zustimmung des Unternehmers, andere Unternehmen als die in Absatz 1 genannten oder Unternehmen, die gleiche oder gleichartige Erzeugnisse herstellen oder vertreiben, innerhalb oder außerhalb seines Bezirks zu vertreten, sich an solchen Unternehmen direkt oder indirekt zu beteiligen oder sie in anderer Weise zu fördern[60].

Nach der Beendigung dieses Vertrages ist der Handelsvertreter für die Dauer von zwei Jahren verpflichtet, jede Tätigkeit für ein Konkurrenzunternehmen, bezogen auf den Vertrieb und die Vertragsgegenstände in seinem Bezirk oder in dem ihm zugewiesenen Kundenkreis zu unterlassen, gleichgültig, ob diese Tätigkeit im Anstellungsverhältnis oder selbständig als Handelsvertreter oder Vertragshändler oder Franchisenehmer oder durch eine Mittelperson ausgeübt wird. Der Handelsvertreter darf sich in dem genannten Zeitraum an einem solchen Unternehmen auch nicht direkt oder indirekt beteiligen oder es auf andere Weise fördern[61].

Für jeden Fall der Zuwiderhandlung gegen dieses Wettbewerbsverbot unterwirft sich der Handelsvertreter einer Vertragsstrafe in Höhe von ... Euro. Eine Beurteilung mehrerer Zuwiderhandlungen unter dem Gesichtspunkt des Fortsetzungszusammenhangs als eine Tat findet nicht statt.

---

60 Als nähere Ausformulierung der Interessenwahrnehmungspflicht des Handelsvertreters ist diese Regelung sowohl mit § 86 HGB wie auch mit § 307 BGB zu vereinbaren.

61 Entspricht im Wesentlichen § 90a HGB. Wichtig: Insbesondere Schriftform (§ 126 BGB) und Aushändigung dieser Urkunde (Vertrag) ist Voraussetzung der Wirksamkeit der Wettbewerbsabrede.

Der Unternehmer verpflichtet sich, dem Handelsvertreter während der Geltungsdauer der Wettbewerbsabrede eine Wettbewerbsentschädigung zu zahlen. Sie ist monatlich nachträglich zahlbar und beläuft sich auf 50% der im Monatsdurchschnitt während der letzten 36 Monate verdienten Provisionen. Ein während der Dauer der Wettbewerbsabrede von dem Handelsvertreter erzielter anderweitiger Erwerb ist nach Maßgabe von § 74c HGB auf die Wettbewerbsentschädigung anzurechnen[62].

1.16 Verjährung

Alle Ansprüche aus diesem Vertrag verjähren in einem Jahr nach Fälligkeit, gerechnet von der Erlangung der Kenntnis des Berechtigten von den Umständen, die die Entstehung des Anspruchs rechtfertigen bzw. von dem Zeitpunkt, in dem der Anspruch aufgrund zwingender gesetzlicher Ausschlussfristen spätestens hätte geltend gemacht werden müssen. Zwischen den Parteien besteht Einigkeit darüber, dass hierdurch die gesetzliche Verjährungsfrist verkürzt wird, um dem Interesse der Partner an einer kurzfristigen Beilegung von Auseinandersetzungen anzurechnen[63].

1.17 Sonstige Bestimmungen

Ausschließlicher örtlicher Gerichtsstand für alle Streitigkeiten aus diesem Vertrag ist der Sitz des Unternehmers in ... Die Bestimmung des § 689 Absatz 2 ZPO bleibt unberührt. Beide Parteien versichern, dass sie Kaufleute im Sinne der Bestimmungen des HGB sind. Es gilt deutsches Recht unter Ausschluss des UN-Kaufrechtes[64].

Mündliche Nebenabreden zu diesem Vertrag sind nur wirksam, wenn sie schriftlich vereinbart und von beiden Vertragsparteien unterzeichnet werden; dies gilt auch für die vorliegende Vereinbarung der Schriftform[65].

---

62 Nach dem Gesetz muss der Unternehmer dem Handelsvertreter für die Dauer der Wettbewerbsbeschränkung eine angemessene Entschädigung zahlen.

63 Nach der ursprünglichen gesetzlichen Regelung (§ 88 HGB) verjähren die Ansprüche aus dem Vertragsverhältnis in vier Jahren, beginnend mit dem Schluss des Jahres, in dem sie fällig geworden sind. Diese Regelung war grundsätzlich dispositiv. Die Grenzen aus § 89b Abs. 4 Satz 2 HGB, §§ 225, 242 BGB und § 307 BGB waren jedoch zu beachten; eine Abkürzung der Verjährungsfrist für beide Seiten war nach § 225 Satz 2 BGB grundsätzlich zulässig (BGH, BB 1990, 2066 – Statt § 225 gilt jetzt § 202 BGB). Nunmehr ist § 88 HGB entfallen und es gilt die Regelverjährung von drei Jahren nach § 195 BGB. Nach § 307 BGB ist eine formularmäßige Verkürzung der Verjährungsfrist auf ein Jahr unzulässig, wenn der Verjährungsbeginn kenntnisunabhängig ausgestaltet wird (Grüneberg/Ellenberger § 202 Rdnr. 15; Emde Vor § 84 Rdnr. 432; allg.: Wolf/Dammann, § 309 Nr. 8 b ff. Rdnr. 51).

64 Vereinbarungen über den örtlichen Gerichtsstand (Prorogation) sind grundsätzlich nur zulässig, wenn beide Vertragspartner Kaufleute sind (§ 38 Abs. 1 ZPO); UN-Kaufrecht gilt ohnehin nur für den internationalen Kauf beweglicher Sachen. Zur internationalen Zuständigkeit: Hau, ZVertriebsR 2014, 79; Mann, ZVertriebsR 2018, 12

65 Schriftformklauseln sind nach § 307 BGB nicht unbedenklich. So hat der BGH die Klausel „Änderungen oder Ergänzungen bedürfen der Schriftform" als gegen § 9 AGBG verstoßend angesehen und für unwirksam erklärt (BGH, BB 1995, 724 – NJW 1995, 1488). Es ist

Sollte eine Bestimmung dieses Vertrages nichtig sein oder nichtig werden, so hat dies nicht die Unwirksamkeit des gesamten Vertrages zur Folge. Die nichtige Bestimmung ist durch eine Regelung zu ersetzen, die dem angestrebten Zweck am ehesten entspricht[66].

Jeder Vertragsteil hat ein unterzeichnetes Exemplar dieses Vertrages erhalten[67].

Anlagen
Bestandteil dieses Vertrages sind folgende Anlagen: *(vom Abdruck wurde abgesehen)*

- Kartenausschnitt (Anlage 1)
- Kundenstamm (Anlage 2)
- Delkredereverzeichnis (Anlage 3)

....	....
Ort, Datum	Ort, Datum
....	....
Unternehmer	Handelsvertreter

[Fortsetzung Fußnote 65]
jedoch zweifelhaft, ob diese Rechtsprechung auf die vorliegende Schriftformklausel übertragen werden kann, da für die vorliegende Klausel sachliche Gründe sprechen.

66 Ob hierdurch gegen die §§ 305b, 305c Abs. 2 und § 307 BGB verstoßen wird, ist strittig. Hierfür spricht, dass das Risiko der AGB-Verwendung erheblich reduziert wird, was dem Schutzzweck des AGB-Rechts nicht entsprechen dürfte (vgl. nur Lindacher, in: Wolf, § 307 Rdnr. 264).

67 Sinnvoll, um die Wirksamkeit der Wettbewerbsabrede nachzuweisen. Klauseln, dass die vorstehenden Bestimmungen „im Einzelnen ausgehandelt" seien, verstoßen gegen § 305 BGB und sind unwirksam.

2. Handelsvertretervertrag (die Vorteile für den Handelsvertreter unterstreichend)

(Kurzfassung)

Handelsvertretervertrag

zwischen

Firma/Herr/Frau *(genauer Name, Rechtsform, Adresse)*

– nachfolgend „Handelsvertreter" genannt – und

Firma *(genauer Name, Rechtsform, Adresse)*

– nachfolgend „Unternehmer" genannt –

wird folgender

Handelsvertretervertrag,

der zum ... in Kraft tritt, geschlossen:

2.1 Rechtsstellung des Handelsvertreters und Vertragsgebiet

Der Handelsvertreter übernimmt als selbständiger Vertreter im Sinne von § 87 Abs. 2 HGB die Alleinvertretung des Unternehmens in Europa, insbesondere auch durch Vertretung des Unternehmens gegenüber den Großabnehmern A – G. Auch die Werke des Unternehmers in Ungarn und Irland werden exklusiv vom Handelsvertreter vertreten.

Der Unternehmer ist nicht berechtigt, im Vertragsgebiet Vertragsprodukte ohne Einschaltung des Handelsvertreters an vorstehende Großkunden und vergleichbare Großabnehmer zu verkaufen.

2.2 Vertragsprodukte und Vertragskunden

Die Vertretung erstreckt sich auf folgende Produkte (Vertragsprodukte):

alle vom Unternehmen hergestellten oder vertriebenen technischen Produkte in Handelsausführung.

Ausgenommen sind folgende Produkte: gemeinsam mit bestimmten Automobilherstellern entwickelte und exklusiv vom Unternehmen an diese zu liefernden Produkte, soweit diese mit dem Markenzeichen des Automobilherstellers versehen werden.

2.3 Aufgaben und Befugnisse des Handelsvertreters

Der Vertreter wird sich mit allen geeigneten Mitteln darum bemühen, den Absatz der Vertragsprodukte im Vertragsgebiet nachhaltig zu fördern. Diese Pflicht erstreckt sich auf alle Vertragsprodukte und auf die Vertragskunden des gesamten Vertragsgebietes.

Er hat insbesondere die Aufgabe, Verkaufsgeschäfte für den Unternehmer in dessen Namen und auf dessen Rechnung im Vertragsgebiet zu vermitteln, neue Kunden zu werben, die Geschäftsverbindungen zu vorhandenen Kunden zu vertiefen und zu erweitern und dieselben sorgsam zu pflegen. Er wird hierzu ein aktives Marketing entfalten und das Vertragsgebiet regelmäßig bereisen.

Bei der Ausübung seiner Tätigkeit hat der Handelsvertreter die Interessen des Unternehmers mit der Sorgfalt eines ordentlichen Kaufmannes wahrzunehmen.

Der Handelsvertreter hat Abschlussvollmacht, jedoch keine Befugnis zum Inkasso.

Er wird den Unternehmer beim Einzug von Forderungen gegen Kunden unterstützen, Mängelanzeigen und ähnliche Erklärungen entgegennehmen, durch die die Kunden Rechte wegen mangelhafter Lieferungen geltend machen oder sich vorbehalten und an den Unternehmer weiterreichen.

Der Handelsvertreter darf Untervertreter und ähnliche Personen (z. B. angestellte Reisende) jederzeit bestellen.

Neukunden werden grundsätzlich an bestehende Großabnehmer verwiesen.

Mit Abschluss dieses Vertrages ist der Handelsvertreter berechtigt, sämtliche Kunden des Unternehmers anzuschreiben und über die Handelsvertretung zu informieren; der Unternehmer trägt die hierbei entstehenden Kosten pauschal mit 1000 € netto.

2.4 Pflichten des Unternehmers

Der Unternehmer wird dem Handelsvertreter die zur Ausübung seiner Tätigkeit erforderlichen Unterlagen (Muster, Zeichnungen, Preislisten, Werbedrucksachen, Geschäftsbedingungen) unentgeltlich zur Verfügung stellen, jeweils ergänzen und aktualisieren sowie einen unmittelbaren Datenzugriff ermöglichen.

Der Unternehmer wird den Handelsvertreter bei der Ausübung seiner Tätigkeit nach besten Kräften unterstützen und ihm stets die erforderlichen Nachrichten und Auskünfte geben. Insbesondere wird der Handelsvertreter über betriebsinterne Vorgänge informiert, die dazu führen, dass neue Aufträge nur in erheblich geringerem Umfang angenommen werden oder eine erhebliche Verzögerung vereinbarter Liefertermine zu erwarten ist.

Dem Handelsvertreter werden unverzüglich Kopien des mit Vertragskunden geführten Schriftwechsels übermittelt, soweit dies für den Handelsvertreter von rechtlichem Interesse ist. Der Unternehmer wird den Handelsvertreter auch über unmittelbare Verhandlungen und Vertragsschlüsse mit Vertragskunden informieren.

Der Unternehmer wird den Handelsvertreter darüber hinaus auch über Preisänderungen, geplante Kooperationen oder Fusionen mit anderen Unternehmen, Veräußerung des Unternehmens an Dritte und Änderungen der Geschäftsgrundlagen unterrichten.

Der Handelsvertreter ist jederzeit berechtigt, im Unternehmen vertrags- oder produktrelevante Unterlagen einzusehen, sich über den Stand der Produktion zu unterrichten und kann hierüber detaillierte Aufklärung verlangen.

2.5 Pflichten des Handelsvertreters

An vom Unternehmer angebotenen Informationsveranstaltungen wird der Handelsvertreter nach Bedarf teilnehmen.

Der Handelsvertreter beachtet bei den Verhandlungen mit den Kunden die vom Unternehmer festgesetzten Preise, Lieferfristen und technische Spezifikationen. Die jeweils gültigen Liefer- und Zahlungsbedingungen sind Ausgangspunkt der Vertragsanbahnung. Der Handelsvertreter kann aus sachlichen Gründen hiervon jedoch abweichen. Bei Abweichungen von bis zu 25 % ist ein sachlicher Grund nicht erforderlich.

Der Handelsvertreter wird den Unternehmer über jede Geschäftsvermittlung nach Bedarf unterrichten. Besondere Geschäftsmöglichkeiten und sonstige Ereignisse, die eventuell rasche Reaktionen des Unternehmers erfordern, wird er unverzüglich mitteilen. Im Übrigen wird der Handelsvertreter quartalsweise berichten (Kundenkreis, Kundenwünsche, Kundenkritik, eigene Aktivitäten, Verhalten des Wettbewerbs sowie die wirtschaftliche Entwicklung im Vertragsgebiet).

Auf Anforderung des Unternehmers hat der Handelsvertreter einmal jährlich eine schriftliche Prognose über die voraussichtlichen Einkäufe der Vertragskunden im kommenden Jahr abzugeben.

Der Handelsvertreter wird Änderungen seiner Gesellschaftsform dem Unternehmer anzeigen.

Der Handelsvertreter prüft eigenverantwortlich möglichst frühzeitig die Bonität der betreffenden Kunden und unterstützt die Bemühungen des Unternehmers zur Festellung der Zahlungsfähigkeit. Zweifel an der Bonität von Kunden wird er dem Unternehmer anzeigen.

Der Handelsvertreter ist nicht berechtigt, Warenzeichen, Handelsnamen und sonstige Zeichen des Unternehmers (oder Zeichen/Namen, die hiermit verwechslungsfähig sind) weder innerhalb noch außerhalb des Vertragsgebietes für sich eintragen zu lassen. Zur Warenzeichen-/Markenverwendung ist der Handelsvertreter während der Vertragslaufzeit berechtigt, soweit dem nicht wichtige Gründe des Unternehmers entgegenstehen.

Der Handelsvertreter wird eigenverantwortlich sicherstellen, dass die Regeln des lauteren Wettbewerbs eingehalten werden. Er wird den Unternehmer bei der Abwehr unlauteren Wettbewerbs durch Wettbewerber und bei der Sicherung gewerblicher Schutzrechte unterstützen und, soweit möglich, unlauteren Wettbewerb, der für den Handelsvertreter oder den Unternehmer nachteilig sein kann, im eigenen Namen unterbinden. Von den hierbei entstehenden Kosten (einschließlich Rechtsanwaltskosten) stellt der Unternehmer den Handelsvertreter frei.

Der Handelsvertreter wird die ihm ausgehändigten Unterlagen nur im Interesse des Unternehmers verwenden. Geschäfts- oder Betriebsgeheimnisse, die ihm während seiner Tätigkeit bekannt werden, dürfen weder selbst verwertet noch Dritten zugänglich gemacht werden.

Der Handelsvertreter wird den Unternehmer auch darüber unterrichten, dass außerhalb seines Gebietes, Kunden- oder Produktzuständigkeitsbereiches Interesse am Verkaufsprogramm des Unternehmers besteht.

Der Handelsvertreter ist ohne schriftliche Zustimmung des Unternehmers nicht berechtigt, die Vertragsprodukte im eigenen Namen und auf eigene Rechnung zu veräußern.

2.6 Provisionspflichtige Geschäfte

Provisionspflichtig sind alle Verkaufsgeschäfte über Vertragsprodukte, die der Unternehmer während der Dauer dieses Vertrages mit Vertragskunden abschließt, gleichgültig, ob der Geschäftsabschluss auf die Mitwirkung des Handelsvertreters zurückzuführen ist oder nicht.

Kauft ein Vertragskunde, der mehrere Niederlassungen hat, wobei die Haupt- bzw. Zweigniederlassung in verschiedenen Vertragsgebieten ansässig sind, so ist das betreffende Geschäft provisionsmäßig allein dem Handelsvertreter zuzuordnen.

Wird ein Geschäft erst nach Beendigung des Vertragsverhältnisses abgeschlossen, so hat der Handelsvertreter gleichwohl einen Provisionsanspruch, wenn der Abschluss überwiegend auf seine Tätigkleit zurückzuführen ist.

2.7 Entstehung und Fälligkeit des Provisionsanspruches

Der Provisionsanspruch des Handelsvertreters entsteht unbedingt bei Vertragsschluss. Unterbleibt die Geschäftsausführung, entfällt der Provisionsanspruch nur dann, wenn die Nicht-Ausführung des abgeschlossenen Geschäfts auf Umständen beruht, die vom Handelsvertreter zu vertreten sind.

2.8 Berechnung und Höhe der Provision

Der Provisionsanspruch des Handelsvertreters errechnet sich aus dem in Rechnung gestellten Warennettowert (Warenwert ohne Mehrwertsteuer). Sie wird dem Handelsvertreter zuzüglich der auf diese Provision entfallenden Mehrwertsteuer geschuldet, soweit der Handelsvertreter mehrwertsteuerpflichtig ist.

Die Provision beträgt
bis zu einem Umsatz von 3 Mio. € p. a.: 3 %
für darüberhinausgehende Umsätze:
bis zum 31.12. 2020: 12,5%,
bis zum 31.12. 2021: 12,0%,
bis zum 31.12. 2022: 11,7%

Nebenkosten (z. B. Fracht, Porto, Zoll, Steuern etc.) führen nicht zu einer Minderung der Provision.

Abweichungen von diesen Prozentsätzen bedürfen der ausdrücklichen schriftlichen Vereinbarung.

Der Handelsvertreter erhält für die von ihm jeweils gegenüber dem Vorjahr erzielten Umsatzsteigerungen mit von ihm neu geworbenen Kunden eine Sonderprovision in Höhe von zusätzlich 2%. Für die Berechnung dieser Sonderprovision ist allein die Umsatzsteigerung gegenüber dem Vorjahr maßgebend.

Der Handelsvertreter hat darüber hinaus Anspruch auf einen nicht anrechenbaren Sockelbetrag als Unkostenpauschale in Höhe von 3000 Euro monatlich, fällig zum Monatsende. Ab 1. 1. 2020 beträgt dieser Sockelbetrag 4000 Euro, ab 1. 1. 2021 5000 Euro.

2.9 Provisionsabrechnung

Der Unternehmer hat über die Provision, auf die der Handelsvertreter Anspruch hat, monatlich spätestens zum 15. des folgenden Kalendermonats abzurechnen und zu zahlen.

Der Handelsvertreter ist verpflichtet, die Abrechnung innerhalb eines Monats nach Zugang zu prüfen und mit seinem Bestätigungsvermerk oder evtl. Einwendungen an den Unternehmer zurückzusenden.

2.10 Krankheit/Urlaub

Der Handelsvertreter hat den Unternehmer unverzüglich zu unterrichten, wenn er aus krankheitsbedingten oder sonstigen Gründen länger als zwei Wochen an der Ausübung seiner Tätigkeit gehindert ist.

Bei einer Tätigkeitsunterbrechung von mehr als 3 Monaten werden die Partner Gespräche über eine nachhaltige Sicherung der Absatzinteressen des Unternehmers führen.

Der Handelsvertreter ist grundsätzlich verpflichtet, seinen Urlaub in die geschäftsarme Zeit zu legen, hat jedoch den Urlaubstermin nicht mit dem Unternehmer abzustimmen.

2.11 Dauer des Vertrages/Vertragsbeendigung

Dieser Vertrag wird auf unbestimmte Zeit abgeschlossen. Er endet durch Kündigung oder durch Tod des Handelsvertreters.

Eine ordentliche Kündigung kann unter Einhaltung der gesetzlichen Fristen nur zum Schluss eines Kalenderjahres erfolgen. Kündigungen des Unternehmers sind bis zum 31. 12. 2025 ausgeschlossen.

Das Recht beider Vertragspartner zur Kündigung aus wichtigem Grund wird hierdurch nicht berührt.

Die Kündigung muss schriftlich erfolgen.

2.12 Konkurrenzausschluss

Der Handelsvertreter ist während des Vertragsverhältnisses nicht berechtigt, ohne schriftliche Zustimmung des Unternehmers, andere Unternehmen, die gleiche oder gleichartige Erzeugnisse herstellen oder vertreiben und damit in Konkurrenz zu Produkten des Unternehmers stehen, innerhalb seines Bezirks zu vertreten. Dies gilt jedoch nicht für mit dem Unternehmer verbundene Unternehmen, Tochtergesellschaften, Joint Ventures, u. a. Eine Vertretung der Y Irland ist ausdrücklich zulässig.

2.13 Sonstige Bestimmungen

Ausschließlicher örtlicher Gerichtsstand für alle Streitigkeiten aus diesem Vertrag ist München, je nach Streitwert das Amtsgericht oder das LG München I. Beide Parteien versichern, dass sie Kaufleute im Sinne der Bestimmungen des HGB sind. Es gilt deutsches Recht unter Ausschluss des UN-Kaufrechtes.

Jeder Vertragsteil hat ein unterzeichnetes Exemplar dieses Vertrages erhalten.

Der Unternehmer trägt die Rechtsanwaltskosten für die Erstellung dieses Vertrags[68] bis maximal Euro 5000.

....

Ort, Datum Ort, Datum

....

Unternehmer Handelsvertreter

Anmerkung:

Regelungen zum Ausgleichsanspruch zu § 89b HGB sind grundsätzlich nicht möglich. Die Entwicklung der Rechtsprechung hierzu ist jedoch von besonderer Bedeutung und zu beachten:

Zuletzt: BGH vom 5.11.2020, VIII ZR 188/19:

„§ 89b Abs. 3 HGB ist im Lichte von Art. 18 der Richtlinie 86/653/EWG des Rates vom 18. Dezember 1986 zur Koordinierung der Rechtsvorschriften der Mitgliedstaaten betreffend die selbständigen Handelsvertreter (ABl. EG Nr. L 382 vom 31. Dezember 1986 S. 17) so auszulegen, dass diese Vorschrift, insbesondere § 89b Abs. 3 Nr. 1 HGB, nicht analogiefähig ist, soweit eine analoge Anwendung sich in Gegensatz zu dem bei Art. 18 der Richtlinie 86/653/EWG maßgebenden Analogieverbot setzen würde (Aufgabe von BGH, Urteil vom 28. Februar 2007 – VIII ZR 30/06, BGHZ 171, 192; Urteil vom 28. April 1999 – VIII ZR 354/97, BGHZ 141, 248; Urteil vom 13. Dezember 1995 – VIII ZR 61/95, NJW 1996, 848)."

68 Üblicherweise ist hier ein Zeithonorar zu vereinbaren. Üblich sind Stundensätze zwischen 200 und 300 Euro zuzüglich MwSt.

III. Vertragshändlervertrag

(Anwendungsbereich: insbesondere technische Produkte, Maschinen, Computer, Autos etc.)

Vertragshändlervertrag

Händlervertrag

zwischen

Firma/Herrn/Frau *(genauer Name, Rechtsform, Adresse)*

– nachfolgend „Hersteller" genannt – und

Firma *(genauer Name, Rechtsform, Adresse)*

– nachfolgend „Händler" genannt –

wird folgender

Händlervertrag,

der zum ... in Kraft tritt, geschlossen.

Präambel:

Die Vertragspartner schließen diesen Vertrag mit dem Willen und in der Erwartung, die Geschäftsbemühungen des einzelnen Händlers und der Handelsorganisation in ihrer Gesamtheit sowie der Tätigkeit des Herstellers zu einem größtmöglichen Erfolg zu führen.

Die Vertragspartner werden bemüht sein, in vertrauensvoller Zusammenarbeit durch besondere Leistungen bei Herstellung, Vertrieb und Wartung von Erzeugnissen des Herstellers die Ansprüche der Käufer an dessen Marke in jeder Weise zufriedenzustellen.

1. Grundlagen des Vertrages

Vertriebsrecht für Originalerzeugnisse des Herstellers
Der Hersteller überträgt dem Händler das ausschließliche Recht und die entsprechende Pflicht, nach Maßgabe dieses Vertrages neue ... (Vertragsprodukte) und Original ... Teile (nachstehend Vertragsware) zu vertreiben.

Original ... Teile sind alle Teile, Aggregate, Tauschteile und Zubehör, die der Hersteller in seinem jeweiligen Angebot für Originalteile aufgenommen hat, gleichgültig, ob der Hersteller diese selbst herstellt oder von Dritten bezieht.

Der Händler wird die in Bezug auf Finanzierung und Leasing selbst oder über Tochtergesellschaften angebotenen Möglichkeiten nutzen.

Änderung der Vertragsware
Der Händler verpflichtet sich, ohne vorherige schriftliche Zustimmung des Herstellers weder Vertragsware unter Verwendung anderer als vom Hersteller gelieferter Teile zu verändern noch solche Ware anzubieten oder zu vertreiben, es sei denn, die Änderung ist Gegenstand des Auftrages eines Endverbrauchers und betrifft

eine bestimmte Ware, die dieser gekauft hat. Die Benutzung eigener Modellbezeichnungen ist nicht gestattet.

Verkauf an Wiederverkäufer und über Vermittler
Es ist dem Händler nicht gestattet, Vertragsware an nicht vom Hersteller autorisierte Verkäufer zu veräußern[69]. Diese Einschränkung gilt nicht, soweit der Abnehmer des Händlers Originalteile selbst zu Reparaturzwecken verwendet.

Den nicht autorisierten Verkäufern stehen Vermittler gleich, die wie autorisierte Wiederverkäufer auftreten oder eine dem Wiederverkauf gleichzusetzende Tätigkeit entfalten.

Verkäufe an Endverbraucher über sonstige Vermittler sind nur gestattet, wenn der Vermittler vorher schriftlich zum Kauf eines bestimmten Produkts und bei Abholung durch diesen auch zur Abnahme bevollmächtigt wurde.

Eigenhändler
Der Händler betreibt sein Geschäft im eigenen Namen und auf eigene Rechnung und auf eigene Gefahr. Er kann für den Hersteller rechtsverbindlich nicht handeln.

Übertragung von Rechten
Eine Übertragung der dem Händler aus diesem Vertrag zustehenden Rechte ganz oder teilweise auf Dritte bedarf der vorherigen schriftlichen Zustimmung des Herstellers.

2. Vertragsgebiet

Beschreibung des Vertragsgebietes
Das Vertragsgebiet des Händlers ergibt sich aus dem diesem Vertrag als Anlage beigefügten Gebietsplan.

Verantwortung im Vertragsgebiet
Der Händler vertritt die Interessen des Herstellers im Vertragsgebiet. Er trägt die Verantwortung für die Förderung des Absatzes und die Ausschöpfung des Marktpotentials für Erzeugnisse des Herstellers in diesem Gebiet.

Ihm obliegt weiter die Sicherstellung eines bestmöglichen Kundendienstes und eine ausreichende Ersatzteilbevorratung in seinem Vertragsgebiet.

69 Diese Bestimmung dient der Aufrechterhaltung eines selektiven Vertriebssystems, wodurch die Belieferung ausgesuchter und besonders qualifizierter Händler sichergestellt werden soll. Hierin liegt eine Wettbewerbsbeschränkung, die bei einer spürbaren Beeinträchtigung des Wettbewerbs gegen Art 101 AEUV (alt: Art. 81 EGV) verstoßen kann. Hierzu sollten zunächst die Gruppenfreistellungsverordnungen, etwa die Kfz-GVO oder die Schirm-GVO überprüft werden da die Kommission davon ausgeht, dass derjenige, der die GVOs einhält, sich im „sicheren Hafen" befindet.
Eine Einzelfreistellung wird grundsätzlich nicht mehr erteilt.
In Zweifelsfragen empfiehlt sich, die Kommission um ein „Comfort Letter" zu bitten, mit dem bestätigt wird, dass keine Bedenken nach Art. 101 AEUV bestehen (Anschrift: EU-Kommission, GO IV, Rue de la Loi 200, B-1049 Bruxelles).

Einsatz weiterer Händler – Änderungen des Vertragsgebietes
Der Hersteller ist berechtigt, im Vertragsgebiet weitere Händler[70] einzusetzen oder Niederlassungen (Vertriebsgesellschaften) zu errichten, wenn der Hersteller nachweist, dass sachlich gerechtfertigte Gründe hierfür vorliegen[71]

Dies ist insbesondere der Fall, wenn

a) die Leistungen des Händlers in seinem Vertragsgebiet ungenügend sind und es ihm auf entsprechende Abmahnung nicht gelingt, diesen Mangel innerhalb einer angemessenen Frist dauerhaft zu beseitigen oder

b) sonst der Vertrieb der Vertragsware und die Wahrnehmung des Kundendienstes erheblich beeinträchtigt würde.

Erwägt der Hersteller eine solche Maßnahme, so wird er den Händler rechtzeitig hierüber informieren und ihm Gelegenheit geben, zu den beabsichtigten Organisationsmaßnahmen Stellung zu nehmen.

Die Änderung des Vertragsgebietes während der Laufzeit des Vertrages bedarf der Zustimmung des Händlers. Diese darf nicht unbillig verweigert werden[72].

Tätigkeit außerhalb des Vertragsgebietes
Dem Händler ist es untersagt, außerhalb seines Vertragsgebietes in Bezug auf die Vertragsware

- Niederlassungen oder Auslieferungslager zu unterhalten,
- sich für den Absatz eines Vermittlers zu bedienen und
- Kunden zu akquirieren und zu werben, es sei denn, der Händler bedient sich eines Werbemittels, das zwar maßgeblich in seinem Vertragsgebiet verbreitet wird, jedoch über dieses hinausreicht[73].

---

70 Diese Regelung ist nicht mehr unzulässig im Automobilvertrieb. Hier war der Einsatz eines weiteren Händlers nur zulässig nach einvernehmlicher Vertragsänderung (Art. 6 Abs. 1 Ziff. 5 GVO 1475/95). Mit Wegfall des Vertragsgebietes gibt es nunmehr grundsätzlich keinen Gebietsschutz mehr.

71 Diese Regelung ist für den Kfz-Vertrieb nicht mehr generell unzulässig; so auch Art. 6 Abs. 1 Nr. 5 GVO 1475/95, s. o. Außerhalb dieses Bereiches wird die Regelung ausschließlich an § 307 BGB zu messen sein, wobei die besseren Gründe für die Zulässigkeit der Regelung sprechen.

72 Diese Regelung war unzulässig im Automobilvertrieb. Hier war der Einsatz eines weiteren Händlers nur zulässig nach einvernehmlicher Vertragsänderung (Art. 6 Abs. 1 Ziff. 5 GVO 1475/95); hierzu Niebling, WiB 1995, 678. Nach der GVO 1400/2002 gibt es jedoch nurmehr das „Vertragsgebiet Europa": umfassend Niebling, Vertragshändlerrecht, Rdnr. 86

73 Diese Klausel ist unzulässig im Automobilvertrieb. Nach Art. 3 Ziff. 8 b GVO 1475/95 ist es lediglich zulässig, dem Händler zu untersagen, für Vertragswaren und diesen entsprechende Waren nicht mit den Mitteln einer personalisierten Werbung (z. B. Direct Mailing) zu werben; auch nach § 307 BGB wie auch der aktuellen GVO kann die Werbung nicht beschränkt werden.

Export
Dem Händler ist es weder gestattet, unmittelbar oder über Dritte Vertragsware an Abnehmer in Länder außerhalb des gemeinsamen Marktes der EU auszuführen, noch Vertragsprodukte für solche Zwecke umzurüsten.

3. Tätigkeit für Produkte, die mit Vertragswaren in Wettbewerb stehen

Herstellung und Vertrieb von Fremdprodukten
Ohne vorherige schriftliche Zustimmung des Herstellers ist der Händler nicht berechtigt, andere Produkte, die mit den Produkten des Herstellers in Wettbewerb stehen, herzustellen oder direkt oder indirekt zu vertreiben oder deren Vertrieb zu fördern oder bei der Instandsetzung oder -haltung von Erzeugnissen des Herstellers zu verwenden. Das gilt

a) für neue … (Vertragsprodukte) anderer Marken

b) für Teile, Tauschteile und Zubehör anderer Marken, soweit es sich um den Verkauf an Wiederverkäufer handelt,

c) für Verkauf und Verwendung anderer als Originalteile, die den Qualitätsstandard der Originalteile nicht erreichen, soweit es sich um Endverbrauchergeschäfte handelt.

Verwendet der Händler unter den Voraussetzungen zu c) bei der Instandsetzung oder -haltung von Vertragswaren Teile Dritter, ist er verpflichtet, hierauf in allgemeiner Form hinzuweisen.
Der Händler ist weiter verpflichtet, Endverbraucher darauf hinzuweisen, dass bei der Instandsetzung oder -haltung von Vertragswaren Teile Dritter verwendet wurden, sofern auch Teile des Vertragsprogrammes des Herstellers zur Verfügung standen, die mit Warenzeichen des Herstellers versehen sind.
Bei der Ausführung von Gewährleistungs- und Kulanzarbeiten in Bezug auf Vertragswaren ist der Händler verpflichtet, ausschließlich Originalteile des Herstellers zu verwenden.

Versagungsgründe
Bei der Entscheidung über die Erteilung oder Verweigerung der Zustimmung zum Vertrieb von Konkurrenzerzeugnissen wird der Hersteller sachlich gerechtfertigte Gründe des Händlers, insbesondere dessen wirtschaftliche Verhältnisse, berücksichtigen.

Die Verweigerung der Zustimmung muss schriftlich begründet werden und die Erklärung enthalten, inwieweit die Befreiung des Händlers vom Konkurrenzverbot die Interessen des Herstellers beeinträchtigen würde.

4. Umfang der Tätigkeit des Händlers

1) Zielsetzungen

1.1) Stärkung der Handelsorganisation
Der Händler wird stets darum bemüht sein, die Handelsorganisation des Herstellers in ihrer Gesamtheit zu stärken und deren Mitgliedern gegenüber Loyalität zu üben.

1.2) Verantwortung – Werbung
In Wahrnehmung der Verantwortung des Händlers für die Förderung

des Absatzes und die Ausschöpfung des Marktpotentials für Erzeugnisse des Herstellers ist der Händler verpflichtet, eine wirksame Absatzförderung zu betreiben sowie nach besten Kräften und unter Einsatz angemessener Mittel für das Herstellerprogramm zu werben.

1.3) Anforderungen des Herstellers
Zur Erfüllung seiner Aufgaben wird der Händler seine Geschäftstätigkeit und sein Auftreten nach den vom Hersteller gestellten Anforderungen in Verkauf, Kundendienst und Teiledienst ausrichten, wie dies in den Verkaufs-, Teiledienst- und Kundendienstrichtlinien des Herstellers als Anlage zu diesem Vertrag niedergelegt ist.

2) Verkauf ... (Vertragsprodukte)

2.1) Grundlage der Verkaufstätigkeit im Bereich der Vertragsware ist die Jahreszielvorgabe. Sie wird jeweils vor Beginn eines Verkaufsjahres zwischen dem Hersteller und dem Händler abgestimmt.
Maßgebend für die Festlegung der (Vertragsware) Einheiten sind

- das Marktpotential im Vertragsgebiet,
- die Entwicklungsmöglichkeiten des Händlers im Vertragsgebiet sowie
- die Produktionsmöglichkeiten des Herstellers.

Maßgebend für die Wahrnehmung der Marktverantwortung durch den Händler sind die Jahreszielvorgabe und insbesondere seine Veräußerungen in den letzten Modellreihen in seinem Vertragsgebiet.

2.2) Lagerhaltung – Vorführprodukte
Der Händler ist verpflichtet, jederzeit einen der Jahreszielvorgabe entsprechenden Bestand an Ausstellungs-, Lager- und Vorführprodukten in den einzelnen Modellreihen nach Maßgabe der Verkaufsrichtlinien zu unterhalten.[74]

2.3) Gebrauchte Produkte
Ein erfolgreiches Marketing setzt voraus, dass der Händler sich intensiv um den Absatz der gebrauchten Produkte der Kunden bemüht. Der Händler wird deshalb einen zur Förderung des Geschäfts mit neuer Vertragsware erforderlichen Gebrauchthandel betreiben.

3) Teiledienst

3.1) Teileversorgung
Der Händler wird eine den Kundenerwartungen und Anforderungen des Herstellers entsprechende Teileversorgung mit Originalteilen nach Maßgabe der jeweils gültigen Fassung der Teiledienstrichtlinien und

74 Diese Klausel ist unzulässig im Automobilvertrieb; § 307 Abs. 1 Satz 2 BGB. Bei Beendigung des Vertragsverhältnisses hat der Händler jedoch grundsätzlich einen Anspruch gegen den Hersteller auf Rückkauf der Vertragsware: BGH, BB 1995, 113 – NJW 1995, 524; Niebling, Vertragshändlerrecht, Rdnr. 339. Welches sind die Grenzen einer Zielvorgabe, welche Änderungsmöglichkeiten sehen die Verkaufsrichtlinien vor, der Händler kann hier nicht kalkulieren und „kauft die Katze im Sack“.

dem vom Hersteller herausgegebenen Informationsmaterial unterhalten und den Kunden anbieten.

3.2) Bevorratung

Der Teiledienst umfasst eine dem Betrieb, der Marktverantwortung und der Betreuungsaufgabe des Händlers sowie den tatsächlichen Bedürfnissen der Kunden angemessene Bevorratung mit Originalteilen.

3.3) Lager und Einrichtung

Der Händler wird ein geeignetes Lager mit entsprechender Einrichtung für Originalteile bereitstellen und ständig unterhalten.

Soweit der Händler im Rahmen von Ziffer 3.1) dieses Vertrages Teile Dritter anbietet oder verwendet, ist er verpflichtet, diese getrennt von Originalteilen zu lagern.

4) Kundendienst

4.1) Durchführung des Kundendienstes

Der Händler wird an allen ... (Vertragsprodukten) den Kundendienst nach Maßgabe der jeweils gültigen Kundendienstrichtlinien, der Bedingungen für Gewährleistung und Kulanz sowie nach dem von dem Hersteller herausgegebenen Informationsmaterial durchführen.

4.2) Umfang des Kundendienstes

Der Kundendienst umfasst im Wesentlichen die Übernahme neuer ... (Vertragsprodukte) vom jeweiligen Transportunternehmen, ihre Lagerung und Auslieferung an den Kunden, die Inspektion und Wartungsarbeiten nach den jeweils gültigen Arbeitsanweisungen des Herstellers und die Instandsetzung sowie die Beteiligung an Erzeugnisänderungskampagnen, bei denen alle betroffenen ... (Vertragsprodukte) nach Weisung des Herstellers überprüft und/oder abgeändert werden müssen. Zu den Verpflichtungen des Händlers im Rahmen des Kundendienstes gehört weiter die Abwicklung der Gewährleistungsansprüche jedes Kunden und der Kulanzleistungen.

4.3) Kundendienstwerkstatt

Der Händler unterhält eine Kundendienstwerkstatt, die es ihm ermöglicht, die zu erwartenden Kundendienstleistungen entsprechend den Anforderungen des Herstellers zu erbringen. Zu diesem Zweck ist erforderlich, dass der Händler die jeweils vom Hersteller vorgeschriebenen Spezialwerkzeuge, Mess- und Testgeräte, Werkstatteinrichtungen sowie ein entsprechend geschultes Personal einsetzt. Hinsichtlich der Werkstattgeräte wird der Hersteller im Einzelfall oder für einzelne Gruppen von Händlern Ausnahmen zulassen, sofern die Bereithaltung einzelner Serviceangebote wegen der Größe der Händlerbetriebe unwirtschaftlich und deshalb unzumutbar ist.

5. Direktverkäufe des Herstellers

Verkaufsvorbehalt
Der Hersteller ist berechtigt, selbst unmittelbar oder mittelbar Vertragsware zu verkaufen bzw. zu liefern an

a) Endverbraucher, soweit dies über Niederlassungen oder Vertriebstochtergesellschaften geschieht

b) Großabnehmer (ab [10 Vertragsprodukte] pro Jahr)

c) Behörden oder solchen gleichzusetzende nationale oder internationale Organisationen

d) Ausländische Dienststellen und Angehörige ausländischer Truppen innerhalb Deutschlands

e) vom Hersteller anerkannte Sportfahrer etc.

f) Mitglieder des Aufsichtsrates sowie Werksangehörige oder Angehörige von Tochter-Beteiligungsgesellschaften zu deren eigenem Gebrauch.

Ansprüche des Händlers aus Direktverkäufen des Herstellers
Für Verkäufe an Großabnehmer durch den Hersteller steht dem Händler eine jeweils durch den Hersteller festgelegte angemessene Vergütung zu. Mit einer Inanspruchnahme der Vergütung des Händlers für Verkäufe an Großabnehmer erwächst jenem die Verpflichtung, sich intensiv um das Großkundengeschäft zu bemühen.

Im Übrigen kann der Händler aus der vom Hersteller im Rahmen von Ziffer 5.1) getätigten Lieferung keine Ansprüche gegen den Hersteller herleiten.

6. Verkauf an den Händler

Lieferverpflichtung des Herstellers
Der Hersteller wird dem Händler die Vertragsware im Rahmen der Verkaufs- und Lieferbedingungen in ihrer jeweils gültigen Fassung liefern[75].

Der Hersteller ist berechtigt, die Belieferung des Händlers mit Vertragswaren auf vom Hersteller zu bestimmende andere Vertragshändler zu übertragen. In diesem Fall wird der Hersteller dafür Sorge tragen, dass der Händler von dem jeweiligen Vertragspartner des Herstellers ausreichend mit der entsprechenden Vertragsware bedient wird.

75 Dies ist nicht unproblematisch im Hinblick auf § 307 Abs. 1 Satz 2 BGB, Verstoß gegen das Transparenzgebot, da die einseitige Änderungsbefugnis des Herstellers scheinbar unbegrenzt ist. Für die Zulässigkeit spricht dagegen, dass für jeweils neue Kaufverträge auch neue Vertragsbedingungen vereinbart werden können, die jedoch auf die Belange des Vertragspartners ausreichend Rücksicht zu nehmen haben. Insbesondere muss es dem Hersteller freistehen, die Rabattsätze produktgruppenspezifisch festzusetzen (vgl. BGH, BB 1994, 855 – NJW 1994, 1060); zu Rabattsystemen Niebling, Vertragshändlerrecht, Rdnr. 593.

Bezug der Vertragsware
Der Händler wird die Vertragsware nach den entsprechenden Richtlinien beziehen und dabei das vom Hersteller vorgegebene Bestellsystem einhalten.

Übernahme der Gewährleistung
Der Hersteller übernimmt gegenüber dem Händler für die Vertragsware Gewähr nach Maßgabe der jeweils gültigen Fassung der Verkaufs- und Lieferbedingungen des Herstellers.

Der Händler ist verpflichtet, bei dem Weiterverkauf an Endabnehmer seinerseits eine Gewährleistung zu übernehmen, die inhaltlich die vom Hersteller übernommene Gewährleistung nicht unterschreitet.

Die Abrechnung und Abwicklung der Gewährleistungsansprüche erfolgt nach den in den Kundendienstrichtlinien und den Bedingungen für Gewährleistung und Kulanz festgelegten Grundsätzen und Regelungen.

Haftung für Bestellungen
Händler und Hersteller haften nicht, wenn Bestellungen nicht ausgeführt werden können, die zurückzuführen sind auf Ereignisse wie

a) Arbeitskampfmaßnahmen im oder mit Auswirkungen auf das Händlerunternehmen oder in entsprechender Weise in Betriebsstätten des Herstellers oder Zulieferbetrieben
b) Verknappung oder Einschränkung der Energieversorgung, Ausfall von Transportmitteln oder Schäden an Produktionsanlagen, behördliche Maßnahmen, sofern ein solches Ereignis nicht auf vorsätzlichem oder grob fahrlässigem Verhalten beruht.

Stellt der Hersteller die Serienfertigung bestimmter Produkte ein oder werden Konstruktions- oder Spezifikationen von Produkten oder Sonderausstattungen geändert, haftet der Hersteller nur, soweit der Händler eine rechtlich verbindliche Lieferverpflichtung gegenüber einem Kunden eingegangen ist, den Weiterverkauf dem Hersteller unverzüglich angezeigt hat und der Händler die Produktionseinstellung oder -änderung nicht kannte oder kennen musste, obwohl der Hersteller hierauf hingewiesen hat.

7. Geschäftsbetrieb

1) Betriebsanlagen und -ausstattung

1.1) Generelle Anforderungen

Der Händler verpflichtet sich, einen Geschäftsbetrieb einzurichten und zu unterhalten, der in Größe, Ausstattung, Einrichtung sowie äußerem Erscheinungsbild (z. B. Corporate Identity) sowie in technischer und kaufmännischer Hinsicht den berechtigten Kundenerwartungen an die Marke … sowie den zur Einrichtung des Vertragszweckes notwendigen Anforderungen des Herstellers gerecht wird.

1.2) Standort

Der Händler wird seinen Geschäftsbetrieb an einem Standort betreiben, der nach Abstimmung mit dem Hersteller festgelegt wird. Die Vornahme von Handelsgeschäften mit Erzeugnissen des Herstellers, Gebrauchtwaren oder Serviceleistungen durch den Händler an anderen Standorten bedarf der vorherigen schriftlichen Zustimmung des Herstellers.

1.3) Betriebsanlagen und Geschäftsräume

Das Betriebsgelände, die Geschäftsräume, die sonstigen Betriebsanlagen und deren technische Ausrüstung müssen so beschaffen sein, dass sie die berechtigten Kundenerwartungen an den Verkauf und den Service von ... Erzeugnissen erfüllen sowie auch den besonderen Gegebenheiten des Händlerbetriebes wie z. B. Umfang der Geschäfte im Bereich Verkauf, Kunden- und Teiledienst gerecht werden. Dies gilt insbesondere für

- Ausstellungsräume für Neu- und Ausstellungsflächen für Gebrauchtwaren
- Präsentations- und Verkaufseinrichtungen für das Teile- und Zubehörgeschäft
- Kapazität und Ausstattung im Kundendienstbereich.

1.4) Geschäftserweiterungen – Investitionen

Bei Ausweitung des Geschäftsvolumens wird der Händler den Betrieb und seine Einrichtungen den jeweiligen Erfordernissen anpassen.

Wesentliche bauliche Änderungen des Betriebes sowie sonstige größere Investitionen, soweit sie direkt oder indirekt die im Rahmen dieses Vertrages getätigten Geschäfte des Händlers betreffen, bedürfen in jedem Fall der Zustimmung des Herstellers.

1.5) Bauberatung

Der Händler wird bei Bauvorhaben für seinen Händlerbetrieb stets die Bauberatung des Herstellers in Anspruch nehmen und deren Vorschläge berücksichtigen[76].

2) Personelle Anforderungen

2.1) Der Hersteller schließt diesen Vertrag im Vertrauen darauf, dass die in den Anlagen genannten Inhaber und Geschäftsführer die redliche und sachgerechte Durchführung dieses Vertrages gewährleisten.

2.2) Änderungen bei den verantwortlichen Personen

Bei vorgesehenen Veränderungen bei den der Geschäftsleitung angehörenden Personen ist rechtzeitig vorher die Zustimmung des Herstellers einzuholen. Diese kann nur versagt werden, wenn es sich um solche Änderungen handelt, die dazu führen, dass das Händlerunternehmen die gesetzten Erwartungen und vertraglichen Zielsetzungen nicht erreicht.

76 Dies ist ein wichtiges Thema für Investitionsersatzansprüche: Wird der Händler in Investitionen gedrängt, die sich bei Kündigung nicht amortisiert haben, so kommen derartige Ansprüche in Betracht; wird dagegen „eigenverantwortlich“ investiert, scheiden diese aus: Niebling, Vertragshändlerrecht, Rdnr. 114, 262. Die vorliegende Formulierung führt noch nicht zu Investitionsersatzansprüchen.

2.3) Kaufmännisches und technisches Personal

Der Händler wird in allen Bereichen (Verkauf, Kundendienst und Teiledienst) in ausreichendem Maße fachlich ausgebildetes kaufmännisches und technisches Personal beschäftigen. Er wird für dessen ständige Aus- und Weiterbildung sorgen. Hierzu wird der Händler sich des Einsatzes der vom Hersteller angebotenen Schulungssysteme bedienen und in Zusammenarbeit mit dem Hersteller die regelmäßige Teilnahme der betroffenen Mitarbeiter an geeigneten Fortbildungsveranstaltungen ermöglichen und fördern.

3) Inhaber-/Beteiligungsverhältnis – Wirtschaftliche Grundlagen

3.1) Finanzielle Ausstattung – Beteiligungsverhältnisse

Die finanzielle Grundlage des Händlerunternehmens und die Beteiligungsverhältnisse müssen den jeweiligen Anforderungen an eine ordnungsgemäße und wirtschaftlich sinnvolle Führung des Geschäftsbetriebes entsprechen. Der Hersteller hat das Recht, sich hiervon durch Einsichtnahme in die maßgeblichen Unterlagen über Höhe des Betriebskapitals, Beteiligungsverhältnisse sowie gesellschaftsrechtliche Regelungen zur Gewinn- und Verlustverteilung zu überzeugen und erforderlichenfalls auf eine Regelung im Sinne des Satzes 1 hinzuwirken.

3.2) Änderungen der Inhaber- und Beteiligungsverhältnisse

Änderungen in der Person des Inhabers, der Gesellschafterzusammensetzung, der Rechtsform oder in den Beteiligungsverhältnissen bedürfen der vorherigen schriftlichen Zustimmung des Herstellers. Diese kann nur versagt werden, wenn durch die Änderung oder deren Auswirkung die Durchführung des Vertrages oder sonstige wichtige Belange des Herstellers beeinträchtigt werden.

4) Organisatorische Anforderungen

4.1) Datenverarbeitung/-austausch

Um einen für alle Beteiligten möglichst rationellen Betriebsablauf sicherzustellen, wird der Händler die Möglichkeiten der Datenverarbeitung für alle Arbeitsgebiete im Händlerbetrieb in einem wirtschaftlich sinnvollen Ausmaß nutzen. Er wird die organisatorischen und technischen Voraussetzungen schaffen, um die optimale Abwicklung des Geschäftsverkehrs und des gegenseitigen Datenflusses zwischen ihm und dem Hersteller herzustellen.

Zu diesem Zweck wird sich der Händler bevorzugt solcher DV-Systeme bedienen, die vom Hersteller empfohlen werden. In jedem Fall ist sicherzustellen, dass die DV-Systeme des Händlers mit den Herstellersystemen kompatibel sind.

4.2) Rechnungswesen

Im Interesse der Einheitlichkeit des Rechnungswesens innerhalb der Handelsorganisation wird der Händler den herstellerspezifischen Kontenplan anwenden.

8. Werbung und Marken (Warenzeichen)

Der Händler wird seine gesamte Werbung in Bezug auf den Hersteller nach den von diesem gegebenen Empfehlungen betreiben. Hierbei wird sich der Händler bevorzugt der vom Hersteller angebotenen Werbemittel bedienen.

Jede Werbung des Händlers, die dem Auftreten des Herstellers in der Öffentlichkeit widerspricht oder das Erscheinungsbild des Herstellers oder der herstellereigenen Handelsorganisation beeinträchtigt und gegen die der Hersteller Einspruch erhebt, wird der Händler unverzüglich unterlassen.

Der Händler wird sich in seiner Werbung, seinem gesamten Geschäftsverkehr mit Kunden und Interessenten sowie gegenüber der Öffentlichkeit nur als „... Vertragshändler" bezeichnen. In der Firmenbezeichnung darf kein Hinweis auf den Herstellernamen (Firma) enthalten sein.

Ausstellung und Messen
Der Händler ist verpflichtet, den Hersteller rechtzeitig zu unterrichten, wenn er an einer Ausstellung oder Messe teilzunehmen beabsichtigt. Der Hersteller kann dem Händler untersagen, mit Vertragsware an Ausstellungen und Messen teilzunehmen, wenn hierfür ein wichtiger Grund besteht, insbesondere das Ansehen des Herstellers gefährdet wird.

Markenbenutzung
Der Händler ist zur Ausübung seiner Tätigkeit entsprechend diesem Vertrag grundsätzlich berechtigt und verpflichtet, die Marken des Herstellers in Wort und Bild in ihrer jeweils gültigen Fassung ohne irgendwelche Zusätze oder Änderungen zu verwenden.

Diese Marken dürfen jedoch nicht für oder im Zusammenhang mit Waren oder -gruppen verwendet werden, die nicht vom Hersteller geliefert wurden, es sei denn, der Hersteller hat dem ausdrücklich vorher schriftlich zugestimmt.

Markenverletzungen
Der Händler wird dem Hersteller etwaige Verletzungen der Marken durch Dritte unverzüglich mitteilen. Der Hersteller wird diese Markenverletzungen entsprechend verfolgen. Der Händler wird den Hersteller bei allen erforderlichen Maßnahmen zur Abwehr von Markenverletzungen im Handel unterstützen.

Corporate Identity
Der Händler ist verpflichtet, in seiner Werbung, seinen Geschäftspapieren sowie generell bei der Verwendung von ... Marken/Warenzeichen die vom Hersteller jeweils herausgegebenen Identifikationsrichtlinien zu beachten.

9. Berichterstattung – Einsicht in Unterlagen des Händlers

Unterstützung des Händlers durch den Hersteller
Der Hersteller wird den Händler aufgrund der von diesem bekanntgegebenen Daten und sonstigen Mitteilungen jederzeit in geeigneter Weise in kaufmännischer und technischer Hinsicht beraten und unterstützen. Hierzu gehört insbesondere die betriebswirtschaftliche Beratung aufgrund der durch Betriebsvergleich und Vorlage der Bilanzen beim Hersteller gewonnenen Erkenntnisse. Hierzu ist es notwendig, dass der Hersteller und der Händler sich nach Maßgabe der nachfolgenden

Regelungen über alle wesentlichen Daten gegenseitig informieren und der Händler dem Hersteller fortlaufend und vollständig über seine Geschäftstätigkeit berichtet.

Berichte über Verkaufstätigkeit
Der Händler ist verpflichtet, dem Hersteller fortlaufend über das Verkaufsgeschehen zu berichten (hierzu gehört insbesondere das unverzügliche Einreichen der Auftragseingangsmeldungen). Der Hersteller ist darüber hinaus berechtigt, jederzeit Berichte über Marktlage, Lagerbestände und voraussichtlichen Bedarf im Bereich des Händlerbetriebes zu verlangen.

Betriebsdaten des Händlers
Der Händler ist verpflichtet, regelmäßig am vom Hersteller durchgeführten Händlerbetriebsvergleich mit integrierter Planungsrechnung teilzunehmen. Dazu ist die Anwendung des herstellerspezifischen Kontenplanes im Rechnungswesen des Händlerbetriebes erforderlich. Über die Ergebnisse des Betriebsvergleiches wird der Händler durch den Hersteller informiert.

Der Händler verpflichtet sich weiter, seine von einem Steuerberater bzw. Wirtschaftsprüfer bestätigte Bilanz nebst Gewinn- und Verlustrechnung jährlich zur Einsichtnahme vorzulegen. Im Falle einer Betriebsaufspaltung ist neben dem Jahresabschluss der Betriebs- bzw. Vertriebsgesellschaft auch der Jahresabschluss der Besitzgesellschaft bzw. Vermögensgesellschaft einzureichen, soweit dieser für die Beurteilung des Vertragsgeschäftes von Bedeutung ist.

Auskunftserteilung – Einsicht in Geschäftsunterlagen
Zur Überprüfung der Gewährleistungsabwicklung, der Einhaltung der von dem Händler übernommenen Verpflichtungen gemäß Ziffer 1.4) und 2.5) sowie des Vorliegens der Voraussetzungen für finanzielle Zuwendungen des Herstellers wird der Händler dem Hersteller alle hierauf gerichteten Auskünfte erteilen und die im Zusammenhang damit stehenden erforderlichen Unterlagen vorlegen oder dem Hersteller nach vorheriger Ankündigung und terminlicher Abstimmung die Gelegenheit geben, in die entsprechenden Unterlagen beim Händler Einsicht zu nehmen.

10. Vertraulichkeit – Datenschutz

Vertraulichkeit der Händlerunterlagen
Der Händler sichert die vertrauliche Behandlung aller unter Ziffer 9 Abs. 3 und Abs. 4 erwähnten Informationen und Unterlagen des Händlers zu.

Vertrauliche Unterlagen des Herstellers
Der Händler hat die ihm vom Hersteller überlassenen Unterlagen mit vertraulichem Charakter, insbesondere solche für den Verkauf und den Kundendienst, sofern diese nur für den internen Gebrauch des Händlers bestimmt sind, vertraulich zu behandeln.

11. Vertragsdauer und Beendigung

Laufzeit
Dieser Vertrag ersetzt alle evtl. vorangegangenen schriftlichen und mündlichen Vertragsabreden. Er läuft auf unbestimmte Zeit.

Kündigung durch den Händler
Der Händler hat das Recht, den Vertrag jederzeit mit einer Frist von einem halben Jahr zum Monatsende zu kündigen. Das Recht zur außerordentlichen Kündigung bleibt unberührt.

Ordentliche Kündigung durch den Hersteller
Der Hersteller kann den Vertrag mit einer Frist von 24 Monaten[77] kündigen, erstmals jedoch zum ...

Außerordentliche Kündigung durch den Hersteller
Der Hersteller ist bei Vorliegen eines triftigen Grundes berechtigt, den Vertrag ohne Einhaltung einer Frist zu kündigen. Als wichtiger Grund ist es insbesondere anzusehen, wenn

a) der Händler zahlungsunfähig wird oder seine Zahlungen einstellt, Antrag auf Eröffnung eines Insolvenzverfahrens über das Vermögen des Händlers oder seines Inhabers gestellt wird;
b) Umstände eintreten, die die Kreditwürdigkeit des Händlers beeinträchtigen oder die Vermögensverhältnisse des Händlerunternehmens sich so verschlechtern, dass eine ordnungsgemäße Fortführung des Geschäftsbetriebes gefährdet bzw. nicht mehr möglich ist;
c) der Händler seinen begründeten Zahlungsverpflichtungen gegenüber dem Hersteller oder Tochtergesellschaften des Herstellers nachhaltig nicht nachkommt;
d) der Händler die Verfügungsgewalt über die zur Durchführung dieses Vertrages erforderlichen Betriebsanlagen ganz oder teilweise verliert;
e) der Händler gegenüber dem Hersteller in Berichten, Bilanzen, Gewährleistungsanträgen, Verkaufs- oder sonstigen Unterlagen, die Dispositionen oder Leistungen des Herstellers auslösen, bewusst falsche Angaben macht; dies gilt auch für entsprechende Angaben eines Mitarbeiters des Händlers, sofern er hiervon wissen musste;
f) der Händler wiederholt schuldhaft und in erheblichem Umfang gegen das Verbot des Verkaufes an nicht vom Hersteller autorisierte Wiederverkäufer oder über Vermittler (Ziffer 1.4) oder das Exportverbot (Ziffer 2.5) verstößt;
g) eine der in Ziffer 7 (2.1) genannten verantwortlichen Vertragspersonen strafbare oder sonstige Handlungen begeht, die das Ansehen des Herstellers in unzumutbarem Maße schädigen oder der oder die Inhaber des Händlerbetriebes oder der gesetzliche Vertreter trotz Abmahnung derartige Handlungen anderer Betriebsangehöriger dulden;

77 Eine Kündigungsfrist von 24 Monaten ist nur notwendig, sofern unverhältnismäßig hohe Investitionen des Händlers vertragstypisch sind. So beträgt im Kfz-Vertrieb die Kündigungsfrist des Händlers grundsätzlich zwei Jahre (Art. 3 Nr. 5 b GVO 1400/2002). Außerhalb dieses Bereiches können Kündigungsfristen bis zu sechs Monaten, ggf. auch in Annäherung an § 89 HGB (Kündigungsvorschriften für Handelsvertreter) geregelt werden. Eine feste Laufzeit darf dagegen grundsätzlich fünf Jahre nicht überschreiten: Niebling, MDR 2008, 841; anders Flohr, in: Flohr/Waschkuhn, VertriebsR § 626 Rdnr. 17

h) Streitigkeiten der Inhaber, Gesellschafter, Geschäftsführer oder gesetzlichen Vertreter des Händlerunternehmens untereinander auftreten, welche die Erfüllung des Vertrages nicht nur unerheblich nachhaltig beeinträchtigen;

i) der Händler Handlungen vornimmt, ohne eine nach diesem Vertrag erforderliche Zustimmung einzuholen; dies gilt nicht, soweit die jeweilige Zustimmung vom Hersteller entsprechend den Regelungen des Vertrages nicht hätte versagt werden können;

j) der oder ein Inhaber, ein Gesellschafter oder Geschäftsführer stirbt oder sonst aus dem Unternehmen ausscheidet und der Händler keine Nachfolgeregelung getroffen hat, die die Erfüllung dieses Vertrages sicherstellt. In diesem Fall wird der Hersteller die Wirksamkeit einer Kündigung für einen Zeitraum von mindestens drei Monaten aufschieben. In begründeten Fällen wird dieser Aufschub bis zu einem Jahr gewährt.

12. Abwicklung nach Beendigung des Vertrages

Erlöschen der Bestellungen
Wird nicht in unmittelbarem Anschluss an die Beendigung dieses Vertrages mit dem Händler ein neues Vertragsverhältnis begründet, so erlöschen alle Aufträge des Händlers mit der Beendigung dieses Vertrages automatisch.

Im Interesse des Kunden wird der Hersteller jedoch bemüht sein, die Aufträge auszuführen, soweit sie die in der Jahreszielvorgabe festgelegten Abnahmequoten nicht überschreiten und der Händler binnen zwei Wochen nach Vertragsbeendigung eine Liste vorlegt, in der die einzelnen Kunden und die für sie bestimmte Vertragsware hinreichend individualisiert sind. Die entsprechenden Kaufverträge sind beizufügen.

Abwicklung der Gewährleistungsverpflichtung des Händlers
Der Hersteller wird dem Händler Originalteile liefern, soweit er diese zur Erfüllung seiner vor Vertragsbeendigung eingegangenen Gewährleistungsverpflichtungen gegenüber einem Kunden im Rahmen des Gewährleistungsumfanges des Herstellers benötigt.

Rücknahme der Vertragswaren[78]
Der Hersteller wird innerhalb einer Frist von 60 Tagen nach Vertragsbeendigung den Lagerbestand des Händlers an Vertragsware zurückkaufen unter der Voraussetzung, dass diese

a) direkt vom Hersteller oder einem vom Hersteller autorisierten Händler erworben worden ist,

b) sich im Zeitpunkt des Rückkaufes im Verkaufsprogramm des Herstellers befindet,

c) nicht verkauft ist,

d) neu, unbenutzt und unbeschädigt ist,

e) eindeutig identifizierbar ist.

78 Vergleiche BGH, BB 1995, 113 – NJW 1985, 524 (für den Automobilvertrieb)

Eine Verpflichtung zur Rücknahme der Vertragsware des Herstellers besteht nicht, wenn die Beendigung des Vertragsverhältnisses auf ein Verhalten des Händlers zurückzuführen ist, das den Hersteller zu einer Kündigung nach Ziffer 11.4) berechtigt oder berechtigt hätte.

Der Händler ist jedoch in diesem Falle verpflichtet, dem Hersteller auf Verlangen seinen gesamten Lagerbestand an Vertragsware oder Teile davon zu verkaufen.

Rückkaufpreis
Vertragswaren werden grundsätzlich zum Einstandspreis des Händlers zurückgekauft. Der Zustand der Vertragswaren ist bei der Bemessung des Rückkaufpreises zu berücksichtigen.

Für die Ermittlung des Rückkaufpreises für Originalteile sind die am Tage des Rückkaufs gültigen Verkaufspreise des Herstellers und die bisher üblichen Bewertungsmaßstäbe für die Gängigkeit zugrunde zu legen. Von dem so ermittelten Preis sind etwa gewährte Sondernachlässe abzuziehen. Weist der Händler nach, dass der unter Berücksichtigung der jeweiligen tatsächlichen Einstandspreise des Händlers und der Lagerungszeit ermittelte Wert der Teile den gemäß Satz 1 und 2 festgestellten Rückkaufpreis wesentlich übersteigt, ist der entsprechend höhere Wert als Rückkaufpreis zugrunde zu legen.

Rücklieferung
Die Rücklieferung der Vertragsware erfolgt auf Gefahr und Kosten des Händlers.

Wird die Ware vom Händler auf Veranlassung des Herstellers an einen anderen Ort als den Erfüllungsort geliefert, geht die Gefahr auf den Hersteller über, wenn die Ware dem Spediteur, dem Frachtführer oder einer sonst zur Ausführung der Versendung oder einer von dem Hersteller bestimmten Person ordnungsgemäß übergeben worden ist. In diesem Fall gehen die Transportkosten zu Lasten des Herstellers, soweit diese die Kosten für den Transport vom Sitz des Händlers zum Sitz des Herstellers übersteigen.

Entfernung von Werbeeinrichtungen, Marken/Warenzeichen
Mit Beendigung des Vertrages hat der Händler unverzüglich alle Werbeeinrichtungen zu entfernen und, soweit sie im Eigentum des Herstellers stehen, zurückzugeben. Betriebskennzeichnende Werbeeinrichtungen (z. B. Pylon, Fassadenband), die im Eigentum des Händlers stehen, hat der Händler auf Verlangen des Herstellers diesem zum Buchwert, höchstens jedoch zum Verkehrswert zuzüglich Mehrwertsteuer zum Kauf anzubieten. Der Hersteller verpflichtet sich, den Pylon zu erwerben. Im übrigen ist dem Händler jede Werbung unter Verwendung von Herstellerzeichen – gleichgültig in welcher Form – untersagt.

Werkstatteinrichtungen
Der Hersteller wird sich bemühen, dem Händler bei dem Verkauf von Gegenständen, die ausschließlich der Wartung und Instandsetzung von ... (Vertragsprodukten) benutzt werden können, zu unterstützen, sofern der Händler dies unverzüglich bei Vertragsbeendigung verlangt.

Rechte und Pflichten über die Vertragsbeendigung hinaus
Beide Vertragsparteien verpflichten sich, auch nach Vertragsbeendigung Dritten keine vertraulichen Mitteilungen zugänglich zu machen. Soweit in diesem Vertrag

sonstige Rechte und Pflichten über den Zeitpunkt der Beendigung des Vertrages festgelegt sind, bedeutet deren Erfüllung keine Verlängerung des beendeten Vertrages.

13. Schlussbestimmungen

Anlagen
Bestandteil dieses Vertrages sind folgende Anlagen *(vom Abdruck wurde abgesehen):*
Vertragsgebietsplan
Verkaufsrichtlinien
Teiledienstrichtlinien
Kundendienstrichtlinien
Bedingungen für Gewährleistung und Kulanz
Verkaufs- und Lieferbedingungen für Vertragswaren
Verkaufs- und Lieferbedingungen für Originalteile
Die Registrierung der persönlichen und sachlichen Vertragsgrundlagen
Vertragsstrafeversprechen[79]

Unwirksamkeitsklausel
Die Unwirksamkeit einzelner Bestimmungen des Vertrages oder seiner Bestandteile lässt die Wirksamkeit der übrigen Regelungen unberührt. Die Vertragspartner sind im Rahmen des Zumutbaren nach Treu und Glauben verpflichtet, eine unwirksame Bestimmung durch eine ihrem wirtschaftlichen Erfolg gleichkommende wirksame Regelung zu ersetzen, sofern dadurch keine wesentliche Änderung des Vertragsinhaltes herbeigeführt wird; das Gleiche gilt, falls ein regelungsbedürftiger Sachverhalt nicht ausdrücklich geregelt ist.

Schriftformklausel[80]
Die Kündigung sowie besondere Vereinbarungen bedürfen der Schriftform. Mündliche Nebenabreden sind ungültig.
Auf das Formerfordernis kann nur durch eine schriftliche Erklärung verzichtet werden.

79 Hierin können besonders wesentliche Verpflichtungen aus diesem Vertrag wiederholt und ihre Verletzung unter Vertragsstrafe gestellt werden.

80 Schriftformklauseln sind nach § 307 BGB nicht unbedenklich. Der BGH hat die Klausel „Änderungen oder Ergänzungen bedürfen der Schriftform" als gegen § 9 AGBG verstoßend angesehen und für unwirksam erklärt (BGB, BB 1995, 724 – NJW 1995, 1488). Es ist jedoch zweifelhaft, ob diese Rechtsprechung auf die vorliegende Schriftformklausel übertragen werden kann, da hierfür sachliche Gründe sprechen; s. o.

Gerichtsstand und anwendbares Recht
Ausschließlicher Gerichtsstand für Streitigkeiten über die Entstehung und Beendigung dieses Vertrages sowie über sämtliche Rechte und Pflichten aus diesem Vertrag ist ...
Es gilt deutsches Recht unter Ausschluss des UN-Kaufrechts[81].

....	....
Ort, Datum	Ort, Datum
....	....
Hersteller	Händler

81 Vgl. Fußnote 64 des 1. Handelsvertretervertrages (S. 35); zu Verträgen mit ausländischen Vertragshändlern Detzer/Thamm a. a. O.; im Einzelfall kann auch bei Handelsvertretern oder Vertragshändlern, die nur außerhalb des EWR tätig werden sollen, etwas anderes vereinbart werden; § 92 c HGB (Anhang S. 110)

IV. Franchisevertrag

Franchisevertrag

zwischen

Firma/Herrn/Frau *(genauer Name, Rechtsform, Adresse)*

– nachfolgend „Franchisegeber" genannt – und

Firma/Herrn/Frau *(genauer Name, Rechtsform, Adresse)*

– nachfolgend „Franchisenehmer" genannt –

wird folgender

Franchisevertrag[82],

der zum … in Kraft tritt, geschlossen.

Präambel:

Der Franchisegeber hat ein System für einen besonders wirtschaftlichen Betrieb von … entwickelt. Dieses System hat sich seit Jahren bewährt und wird europaweit durch eine Vielzahl von Franchisenehmern ausgeführt. Die Franchisenehmer treten einheitlich unter dem Namen „…" auf.

Dieser Name ist aufgrund der Verbreitung des Franchisenetzes innerhalb Europas für den Verbraucher zu einem Begriff geworden und hat für Franchisenehmer wie auch Kunden eine besondere Kennzeichnungskraft erlangt. Der Kunde erwartet zwischenzeitlich ein bestimmtes einheitliches Auftreten innerhalb des gesamten Franchisenetzes, insbesondere einheitliches Gestalten des Geschäftslokals, einheitliche und stete Höchstqualität, einheitliches am Kunden ausgerichtetes Auftreten im Franchisebetrieb und einheitliche Gestaltung von Werbematerialien, Geschäftspapieren und Verpackung.

82 Franchiseverträge wurden in den 60er-Jahren in Amerika populär und beruhen auf dem Prinzip, den Franchisenehmer an einer Geschäftsidee einschließlich Know-how und Marken (Warenzeichen) teilhaben zu lassen. Diese Idee soll sich am Markt bewähren oder hat sich bereits am Markt bewährt, so dass der Abschluss des Franchisevertrages der weiteren Verbreitung dieser Geschäftsidee dienen soll. Der Franchisenehmer hat für die Vorleistungen des Franchisegebers, die insbesondere in der erfolgreichen Markteinführung des Systems und der Weitergabe des Know-how an den Franchisenehmer liegen, eine Eintrittsgebühr zu zahlen („Entry fee"), jedoch mit anderen Leistungen, die der Franchisenehmer für den Franchisegeber erbringt, verrechnet werden kann und für den Franchisevertrag nicht begriffsnotwendig ist. Der Franchisenehmer hat die Vorteile, auf einem bewährten Know-how aufbauen zu können (s. o Einführung I). Er kann darüber hinaus zumeist eine in der Öffentlichkeit bereits bekannte Marke, ein erprobtes Vermarktungssystem und weitgehend risikofreies Know-how für seine Zwecke nutzen. Untersuchungen haben ergeben, dass auch die Konkursquote von Franchisenehmern geringer ist als bei Vertragshändlern oder selbstständigen Unternehmensgründern. Seit 1.6.2000 gilt für Franchiseverträge die „Schirm"-GVO (s. Anhang): allgemein Flohr, ZVertriebsR 2022, 5

Dies setzt voraus, dass der Franchisenehmer das Betriebs-Know-how des Franchisegebers, wie es im Betriebshandbuch sowie in einzelnen Hinweisschreiben des Auftraggebers zum Ausdruck kommt, strikt beachtet. Der Franchisegeber wird das von ihm entwickelte Know-how und seine gesammelten Erfahrungen zu diesem Zweck an den Franchisenehmer weitergeben.

1. Vertragsgegenstand und Rechtsinhaberschaft

Der Franchisegeber stellt ... und andere Produkte her und handelt insbesondere mit .... Die vom Franchisegeber hergestellten und von ihm gehandelten Waren (nachfolgend Vertragsprodukte) sowie die Franchisebetriebe und das gesamte Franchisesystem sind gekennzeichnet durch:

a) den Firmen- und Handelsnamen ...

b) die in der Zeichenrolle des Deutschen Patentamtes/des Europäischen Patentamtes unter den Nummern ... eingetragenen Marken/Warenzeichen

c) die in der Gebrauchsmusterrolle des Deutschen Patentamtes unter den Nummern ... eingetragenen Gebrauchsmuster

d) die besonderen Produktnamen, Wortzeichen, Werbesätze, Symbole und Bilder, insbesondere in ... Farbe auf ... Grund

e) Besonderes technisches Know-how und das in dem Franchisehandbuch[83] näher umschriebene Erfahrungswisssen, insbesondere auf dem Gebiet der Stellung und[84] Vermarktung von ...

f) kundenorientierte Einbauanleitungen und weiteres Informationsmaterial

g) Art und Anordnung der Einrichtung des Betriebes, die Sortimentsgestaltung, die Abwicklung des Verkaufs, die Verhaltensformen und Kleidung des Personals sowie weitere Details, die den besonderen Geschäftswert des Geschäfts ausmachen (franchisegebertypisches Organisations- und Marketingsystem).

Die Einzelheiten hierzu ergben sich aus dem Franchisehandbuch, das Vertragsbestandteil ist und vom Franchisegeber nach den Bedürfnissen des Marktes fortgeschrieben werden kann.

Der Franchisegeber räumt dem Franchisenehmer für das Vertragsgebiet gemäß Anlage ... das Recht der Nutzung ... aller in Ziffer 1) aufgeführten Rechte, des gesamten Know-hows und des Erfahrungswissens sowie der sonstigen Kennzeichnungen des Franchisesystems zur Herstellung und zum Vertrieb der vom Franchisegeber hergestellten Vertragsprodukte ein. Der Franchisenehmer ist verpflichtet, die ihm eingeräumten Rechte gemäß den Festlegungen des Vertrages zu nutzen und auszuüben.

83 Das Franchisehandbuch verkörpert sowohl die Corporate Identity, d.h. das äußere Erscheinungsbild des Franchisebetriebes, wie auch die Frage: „Wie führe ich einen zeitgemäßen Franchisebetrieb?“. Hierin wird das wesentliche Know-how auf den Franchisenehmer übertragen, neben Schulungen, Seminaren und dergleichen.

84 Dieses Nutzungsrecht weist Elemente eines Lizenzvertrages auf und geht insofern über einen Vertragshändlervertrag hinaus.

Der Franchisegeber kann die Vertragsprodukte unter Wahrung der gemeinsamen Interessen der Vertragspartner und nach rechtzeitiger Information des Franchisenehmers ändern und/oder die Produktion bzw. den Handel mit einzelnen Produkten einstellen. Der Franchisenehmer kann hieraus keine Rechte herleiten, es sei denn, die betreffenden Maßnahmen sind für den Franchisenehmer unzumutbar.

Weitere und/oder neue Produkte werden nur durch ausdrückliche schriftliche Zusatzvereinbarung zu Vertragsprodukten.

Herstellung und Vertrieb werden im Geschäftslokal des Franchisenehmers spätestens innerhalb von zwei Monaten nach Vertragsunterzeichnung erfolgen.

Das Geschäftslokal und der Geschäftsbetrieb des Franchisenehmers werden unter der Bezeichnung „..." geführt. Die Geschäftspapiere des Franchisenehmers sind dem Franchisegeber vor Verwendung zur Prüfung vorzulegen.

Der Franchisegeber wird im Vertragsgebiet keine weiteren Franchises vergeben oder unmittelbar mit dem Franchisenehmer in Wettbewerb treten.

Mit einer Ankündigungsfrist von sechs Monaten kann der Franchisegeber jedoch selbst oder durch selbständige Franchisenehmer weitere Franchisebetriebe im Vertragsgebiet eröffnen; auf die Interessen des Franchisenehmers ist hierbei angemessen Rücksicht zu nehmen.

2. Allgemeine Pflichten des Franchisegebers

Der Franchisegeber unterstützt den Franchisenehmer durch Beratung und Information hinsichtlich der kaufmännischen und werblichen Gestaltung seines Geschäftes, der Einrichtung und Ausstattung des Ladens, der Ausbildung des Personals, der Verkaufstechnik, der Produkte, des Einkaufs, des Marketings und ganz allgemein hinsichtlich der Umstände, die den Umsatz und die Rentabilität des franchisierten Geschäfts maßgeblich beeinflussen. Im Einzelnen erbringt der Franchisegeber folgende Leistungen:

- Standortanalyse
- Einrichtungspläne unter Berücksichtigung des vorhandenen Ladenlokals einschließlich Innen- und Außendekoration
- Finanzierungs- und Liquiditätspläne
- Werbepläne (für die Eröffnungswerbung wie auch die laufende Werbung einschließlich besonderer Werbeveranstaltungen)
- Beratung und Hilfe bei der Erlangung öffentlich-rechtlicher Genehmigungen
- Anforderungs- und Auswahlkriterien zur Personaleinstellung
- Geschäfts- und Organisationsanweisungen
- Schulung des Personals
- Kundendienst- und Montageanleitungen
- Standardprogramm für das Rechnungswesen (Buchhaltung, Statistik und betriebswirtschaftliche Auswertung mit Vergleichszahlen zur Branche und zu anderen Franchisenehmern einschließlich des dazugehörenden Formularwesens).

Der Franchisegeber stellt dem Franchisenehmer Ausstellungsstücke von Vertragsprodukten im Wert von Euro ... (Netto-Einkaufspreis) kostenlos zur Verfügung.

Der Franchisegeber gibt dem Franchisenehmer die Möglichkeit, zur Weiterbildung mindestens zweimal jährlich mit bis zu zehn Mitarbeitern an jeweils zwei Tagesseminaren des Franchisegebers kostenlos teilzunehmen. Die Kosten für Anreise, Unterkunft und Verpflegung trägt der Franchisenehmer. Der Franchisenehmer und der verantwortliche Verkaufsmitarbeiter sind verpflichtet, zumindest an einem Verkaufs- und Schulungsseminar teilzunehmen.

Der Franchisegeber stellt dem Franchisenehmer Unterlagen, Kataloge, Prospekte, Werbeträger, Preislisten sowie ein Exemplar des Franchisehandbuches kostenlos zur Verfügung. Diese Materialien bleiben im Eigentum des Franchisegebers. Sie können nur im Rahmen des ordentlichen Geschäftsbetriebes an Kunden weitergegeben werden; das Franchisehandbuch unterliegt der Geheimhaltung und darf nicht an Dritte weitergegeben werden.

Der Franchisegeber wird den Franchisenehmer regelmäßig, mindestens vierteljährlich über die Entwicklung der Vertragsprodukte und der Marktsituation informieren.

3. Stellung und allgemeine Pflichten des Franchisenehmers

Der Franchisenehmer bleibt wirtschaftlich und rechtlich selbständiger Unternehmer. Er kauft und verkauft im eigenen Namen und auf eigene Rechnung[85]. Er ist zur Vertretung des Franchisegebers nicht berechtigt.

Mindestens ... % der vom Franchisenehmer hergestellten und/oder vertriebenen Waren müssen Vertragsprodukte des Franchisegebers sein. Maßgebend ist insoweit der Verkaufs-Jahresumsatz des Franchisenehmers. Die Lieferanten für die übrigen Waren sind frei, soweit sie nicht vom Franchisegeber gesperrt sind. Werden entgegen dieser Vereinbarung mehr Fremdprodukte vertrieben, so erhält der Franchisegeber als pauschalierten Schadenersatz 30 % des Netto-Verkaufsumsatzes aller Fremdprodukte, die den nach Satz 1 zugelassenen Umfang übersteigen. Der Franchisegeber ist berechtigt, einen darüber hinausgehenden Schaden geltend zu machen; der Franchisenehmer ist berechtigt, nachzuweisen, dass der Schaden nicht in dieser Höhe entstanden ist.

Der Franchisenehmer verpflichtet sich, die Vertragsprodukte wegen des zugrundeliegenden Patentschutzes, der Kompatibilität aller Vertragsprodukte, der Qualitätssicherung sowie der ständigen auch modisch bedingten Fortentwicklung des Gesamtsortiments während der Dauer des Vertrages ausschließlich vom Franchisegeber oder von anderen Franchisenehmern oder ausdrücklich vom Franchisegeber autorisierten Händlern zu beziehen.

Der Verkauf der vom Franchisegeber bezogenen Produkte darf nur unter Verwendung der Firmenbezeichnung und der Marke(n) des Franchisegebers erfolgen.

---

85 Insofern ist der Franchisenehmer selbständiger Unternehmer. Eine Einflussnahme des Franchisegebers auf Preise oder Bedingungen im Verhältnis zu Franchisenehmerendkunden kann nach § 1 GWB unzulässig sein (s. o. Einführung I).

Der Franchisenehmer ist verpflichtet, den insbesondere durch Ruf und Namen des Franchisesystems verkörperten hohen geschäftlichen Standard bei seiner Geschäftstätigkeit in jeder Weise aufrechtzuerhalten und alles zu unterlassen, was sich auf Ruf und Namen des Franchisesystems nachteilig auswirken könnte.

Der Franchisenehmer verpflichtet sich, die vom Franchisegeber überlassenen Unterlagen, Materialien, Ausstellungsstücke usw. sorgfältig zu behandeln und insbesondere die Kataloge und andere Werbemittel des Franchisegebers im ordnungsgemäßen Geschäftsgang zu verteilen.

Der Franchisenehmer ist verpflichtet, an Schulungsseminaren teilzunehmen (Ziffer 2 Abs. 3) des Vertrages.

Der Franchisenehmer wird dem Franchisegeber über die Geschäftsentwicklung, die regionale Marktsituation und die Tätigkeit von Konkurrenzunternehmen im Vertragsgebiet mindestens halbjährlich berichten. Er ist verpflichtet, dem Franchisegeber Auskunft über alle Umstände zu erteilen, die für Ansehen und Geschäftserfolg des Franchisenehmers von Bedeutung sein können.

Der Franchisenehmer wird die Regeln des lauteren Wettbewerbs beachten und zu den anderen Franchisenehmern des Franchisegebers (weitere Franchisepartner) ein kooperatives Verhältnis anstreben.

4. Franchisehandbuch

Der Franchisegeber hat Richtlinien und Grundsätze entwickelt und entwickelt diese weiter, die insbesondere den Geschäftsablauf, die Zusammenarbeit mit dem Franchisenehmer und den weiteren Franchisepartnern beschreiben und festlegen, welche die Identität und Integrität des Systems und die Optimierung der Systemanwendung in allgemeiner wirtschaftlicher Hinsicht sicherstellen.

Diese Richtlinien und Grundsätze sind in einem Franchisehandbuch niedergelegt. Dieses ist wesentlicher Bestandteil des vorliegenden Vertrages und gilt in jeweils aktueller Fassung[86].

Änderungen des Handbuches gegenüber dem Stand bei Vertragsschluss werden dem Franchisenehmer möglichst frühzeitig bekanntgegeben. Diese werden ausschließlich in dem Umfang vorgenommen, der aus marketing-, organisatorischen, technischen oder betriebswirtschaftlichen Gründen als zweckmäßig erscheint. Der Franchisegeber wird hierbei die Interessen des Franchisenehmers angemessen berücksichtigen und das in diesem Vertrag zum Ausdruck kommende Gleichgewicht von Leistung und Gegenleistung, die allgemeine Abgrenzung der Risikosphären sowie die Leistungsfähigkeit des Franchisenehmers wahren.

Das Handbuch regelt insbesondere folgende Bereiche:

- Geschäftsablauf und Verhältnis zum jeweiligen Auftraggeber, Kundenbetreuung
- Auftragsvermittlung und -abschluss

86 Sollen durch das Handbuch Rechte und Pflichten begründet werden, so muss dieses dem Transparenzgebot Rechnung tragen. Hierbei ist ein Höchstmaß an Klarheit und Kalkulierbarkeit für den Franchisenehmer zu verlangen; § 307 Abs. 1 Satz 2 BGB.

- Auftragsabwicklung
- Versicherungswesen
- Verwaltungsangelegenheiten
- Transportfahrzeuge
- das EDV-System
- Werberichtlinien
- Formularwesen

Ein Exemplar des Franchisehandbuches wird/wurde dem Franchisenehmer nach Zahlung eines Einmalhonorars (Ziffer 5 Abs. 1) übergeben.

5. Vergütung

Für die Überlassung des Know-how zahlt der Franchisenehmer ein einmaliges Honorar von Euro ... zzgl. gesetzlicher Umsatzsteuer. Das Honorar ist mit Abschluss dieses Vertrages fällig und wurde/wird am/bis spätestens ... bezahlt.

Als Gegenleistung für die Vorteile, die dem Franchisenehmer durch die Ausschließlichkeit des Verkaufs der Waren und Dienstleistungen unter der Bezeichnung ... eingeräumt werden und für die anderen in diesem Vertrag niedergelegten Rechte und Leistungen zahlt der Franchisenehmer an den Franchisegeber eine monatliche Vergütung in Höhe von ... % des Verkaufsumsatzes des Franchisebetriebes zzgl. der gesetzlichen Umsatzsteuer. Die Vergütung ist jeweils am 15. Werktag eines jeden Monats für den vorangegangenen Monat fällig. Sie berechnet sich aufgrund des vom Franchisenehmer jeweils erzielten Verkaufsumsatzes (Summe aller Verkaufsumsätze des Franchisebetriebes – einschließlich der Verkaufsumsätze nicht vom Franchisegeber bezogener Produkte – abzüglich in Rechnung gestellter Mehrwertsteuer).

6. Geschäftslokal

Der Franchisenehmer verpflichtet sich, seine geschäftliche Tätigkeit ausschließlich in dem von ihm zur Verfügung gestellten Geschäftslokal auszuüben. Das Geschäftslokal ist entsprechend den vom Franchisegeber gegebenen Anweisungen hinsichtlich des Gebrauchs von Namen, Wortzeichen, Werbesätzen, Bildern usw. einzurichten, auszustatten und zu erhalten und zwar mit dem Ziel, das Markenbild des Franchisegebers am günstigsten in Erscheinung treten zu lassen.

Die Kosten hierfür sowie für sonstige Geschäftseinrichtungen trägt der Franchisenehmer.

Eine Verlegung des vom Franchisenehmer benutzten Geschäftslokals oder eine Veränderung der Ausstellungsfläche oder der Aufmachung des Geschäftslokals, welche den Gesamteindruck verändern kann, bedarf der vorherigen schriftlichen Zustimmung des Franchisegebers.

Der Franchisegeber ist berechtigt und verpflichtet, den Franchisenehmer zu beraten und zur Einhaltung der Vertragsbestimmungen anzuhalten. Hierbei ist dem Franchisegeber oder einem Beauftragten des Franchisegebers jederzeit gestattet, das Ladenlokal einschließlich der Nebenräume zu den üblichen Öffnungszeiten zu betreten und die notwendigen Festellungen zu treffen, wobei vom Franchisenehmer jede vertrags- und sachbezogene Auskunft zu erteilen und notwendige Unterlagen vorzulegen sind.

Die Eröffnung weiterer Geschäftslokale zum Vertrieb der Vertragsprodukte durch den Franchisenehmer in dem ihm eingeräumten Kundenbezirk oder in anderen Bezirken bedarf der vorherigen schriftlichen Zustimmung des Franchisegebers. Stimmt der Franchisegeber zu, so gilt der Vertrag auch für diese Geschäftslokale.

Der Mietvertrag für das Objekt, in dem der Franchisebetrieb eingerichtet werden soll, muss so gestaltet sein, dass der Franchisegeber, ein weiterer Franchisepartner oder ein vom Franchisegeber benannter Dritter die Nachfolge im Mietverhältnis des Franchisenehmers antreten kann, wenn dieser aus dem vorliegenden Vertragsverhältnis ausscheidet. Aus diesem Grund ist der Mietvertrag vor Abschluss dem Franchisegeber zur Genehmigung vorzulegen.

Das Geschäftslokal und die Geschäftsfront sind stets in einem ordentlichen, sauberen Zustand zu halten. Der Franchisenehmer hat in angemessenen Abständen Schönheitsreparaturen vorzunehmen oder vornehmen zu lassen.

Die Schaufensterbeleuchtung und die Beleuchtung der Werbeanlage sind spätestens vor Eintritt der Dämmerung einzuschalten und frühestens um 24.00 Uhr abzuschalten.

Der Name des Franchisenehmers tritt nach außen nur in der durch zwingende Rechtsvorschriften geforderten Form in Erscheinung (z. B. Beschriftung an der Ladentür aufgrund gewerberechtlicher Vorschriften).

Wird das Geschäftslokal zerstört oder ist es aus sonstigen Gründen ganz oder zu einem erheblichen Teil nicht mehr zu den in diesem Vertrag vorausgesetzten Zwecken nutzbar, so ist der Franchisenehmer verpflichtet, unverzüglich das Geschäftslokal zu erneuern bzw. wiederherzurichten oder nach entsprechender vorheriger schriftlicher Zustimmung des Franchisegebers ein anderes, dem bisherigen Geschäftslokal entsprechendes Geschäftslokal zu der vertraglich vorgesehenen Nutzung zu erwerben und herzurichten. Für dieses Geschäftslokal gelten die Bestimmungen des vorliegenden Vertrages gleichermaßen.

Wegen der Einzelheiten gilt im Übrigen das Franchisehandbuch.

7. Werbung

Der Franchisegeber übernimmt die allgemeine internationale, nationale und überregionale Werbung.

Der Franchisenehmer übernimmt die lokale Werbung. Der Franchisegeber stellt dafür Vorlagen, Layouts etc. zur Verfügung. Soweit der Franchisenehmer von den Vorlagen des Franchisegebers abweicht, ist er verpflichtet, den Franchisegeber von beabsichtigten Werbemaßnahmen zu informieren. Der Franchisegeber hat nur dann das Recht, derartige Werbemaßnahmen zu untersagen, wenn seine Interessen oder diejenigen des Franchisesystems betroffen sind. In jedem Fall hat der Franchisenehmer bei seinen Werbemaßnahmen entsprechend den Festlegungen im Franchisehandbuch die Marke des Systems hervorzuheben.

Die Eröffnungswerbung ist entsprechend dem Franchisehandbuch zu gestalten.

Die Einzelheiten der Werbung, insbesondere die kostenmäßige Verteilung für Werbeaktionen, sind im Franchisehandbuch geregelt.

8. Kundendienst

Der Franchisenehmer verpflichtet sich, den Kundendienst, insbesondere Gewährleistungs- und allgemeine Reparaturarbeiten, sowie die sonstige Betreuung der Kunden im Vertragsgebiet zu übernehmen. Dies gilt auch für Kunden, die bereits vor Inkrafttreten dieses Vertrages Produkte des Franchisegebers bezogen haben oder welche von anderen Franchisepartnern oder vom Franchisegeber autorisierten Händlern entsprechende Vertragsprodukte erworben haben. Die Einzelheiten im Hinblick auf die Abrechnung, die Beteiligung des Franchisegebers an diesen Dienstleistungen und deren Kosten regelt das Franchisehandbuch.

Der Franchisenehmer ist verpflichtet, entsprechend dem Franchisehandbuch die erforderlichen Kundendiensteinrichtungen in sachlicher und personeller Hinsicht vorzuhalten.

Der Franchisenehmer ist verpflichtet, ausreichende Vorräte der gewöhnlich benötigten Ersatzteile vorzuhalten. Einzelheiten hierzu regelt das Franchisehandbuch.

9. Schutzrechte, Know-how

Der Franchisenehmer ist verpflichtet, den Franchisegeber über alle ihm bekannt gewordenen Verletzungen der diesem Vertrag zugrundeliegenden Schutzrechte und des sonstigen Know-how unverzüglich zu unterrichten.

Der Franchisegeber ist berechtigt, gegen solche Maßnahmen eines Dritten einzuschreiten, auch wenn sich die Verletzungshandlungen allein auf das dem Franchisenehmer gewährte Vertragsgebiet beziehen. Sofern der Franchisegeber nicht binnen angemessener Frist gegen die Verstöße Dritter einschreitet, ist der Franchisenehmer berechtigt, selbst die Schutzrechtsverletzung zu verfolgen. Beide Vertragsparteien verpflichten sich bei Verstößen durch Dritte zur gegenseitigen Hilfe, Unterstützung und Beratung.

Die Kosten der Abwehr der Verletzung durch den Dritten trägt bei eigenem Vorgehen der Franchisegeber, sonst der Franchisenehmer. Erlangte Entschädigungszahlungen oder Schadensersatzansprüche stehen dem jeweils tätig gewordenen Vertragspartner zu. Werden Schadensersatzansprüche im Drittinteresse durchgesetzt, so erhält die klagende Partei ein Drittel der Schadenersatzforderung von dem Vertragspartner, dessen Schaden im Wege der Drittschadensliquidation durchgesetzt wurde, als pauschalen Auslagenersatz und Tätigkeitsvergütung. Eine vergleichsweise Erledigung zwischen Franchisenehmer und Drittem bedarf der Zustimmung des Franchisegebers.

Die Vertragspartner werden sich wechselseitig über etwaige konstruktive Änderungen und Verbesserungen der Vertragsprodukte, über auftretende Probleme und deren Lösung unverzüglich informieren. Allgemein werden sich die Vertragspartner bei der Nutzung und Verteidigung des in Ziffer 1. dieses Vertrages umschriebenen Franchisesystems wechselseitig unterstützen und beraten.

Zukünftige Fortentwicklungen des Franchisesystems durch eine der Vertragsparteien werden ebenfalls zum Vertragsgegenstand nach Ziffer 1. des Vertrages.

Sie stehen der uneingeschränkten Nutzung aller am Franchisesystem Beteiligten zu, sofern die Vertragspartner nicht etwas anderes vereinbaren. Die Vertragsparteien treffen im Einzelfall Absprachen über evtl. Schutzrechtsanmeldungen und eine etwaige Veränderung der Vergütung nach Ziffer 5. des Vertrages.

Greift der Franchisenehmer die Vertragsrechte selbst oder durch Dritte an oder unterstützt er Dritte beim Angriff in irgendeiner Form, so hat der Franchisegeber das Recht, das Vertragsverhältnis fristlos oder unter Einhaltung einer Abwicklungsfrist zu kündigen, sofern hierdurch das Vertrauensverhältnis zwischen den Parteien geschädigt und die weitere Zusammenarbeit unzumutbar ist.

Wird die Schutzrechtserteilung auf ein Vertragsrecht rechtskräftig versagt, so wird dadurch die Rechtswirksamkeit des Vertrages im Übrigen nicht berührt. Entsprechendes gilt, wenn ein Vertragsrecht für nichtig erklärt, beschränkt wird oder erlischt. Die Vertragspartner werden, sofern diese Umstände erhebliche Auswirkungen auf das gesamte Franchisesystem, insbesondere hinsichtlich der Gewinnerwartung des einzelnen Franchisenehmers haben, über entsprechende neue, vom Franchisegeber binnen angemessener Frist zu schaffende (Ersatz-)Schutzrechte und (falls dies nicht möglich ist oder der Franchisegeber auf diese Möglichkeit verzichtet) über eine Anpassung der in Ziffer 5. des Vertrages niedergelegten Vergütung Verhandlungen aufnehmen.

10. Versicherungen, Haftung

Der Franchisenehmer ist verpflichtet, gegen folgende Risiken Versicherungen abzuschließen und bis zur Vertragsbeendigung aufrechtzuerhalten:

1. Feuer, Einbruch, Diebstahl, Leitungswasser, Sturm
2. Betriebsunterbrechung als Folge der Risiken nach Nr. 1
3. Glasbruch von Fensterscheiben und Spiegeln sowie Beschädigung von Transparenten und Leuchtröhren
4. Haftpflichtansprüche Dritter (inklusive Produkthaftpflicht)
5. Unterschlagung und Veruntreuung von Geld und Wertpapieren durch angestellte Personen

Der Franchisenehmer ist verpflichtet, dem Franchisegeber jederzeit Auskunft und Einblick in die Versicherungsunterlagen zu gestatten. Er ermächtigt hiermit den Franchisegeber, unmittelbar von Versicherungen Auskünfte einzuholen.

Der Franchisenehmer stellt den Franchisegeber oder einen weiteren Franchisepartner von Ansprüchen frei, die gegen den Franchisenehmer bestehen. Dies gilt auch dann, wenn Franchisegeber und Franchisenehmer als Gesamtschuldner haften.

Bei einem vorsätzlichen oder grob fahrlässigen Vertragsverstoß des Franchisegebers ist der Franchisenehmer nicht verpflichtet, den Franchisegeber freizustellen. Insoweit erfolgt die Haftungsverteilung nach allgemeinen Grundsätzen.

11. Rechnungswesen und Jahresabschluss

Der Franchisenehmer ist verpflichtet, sein Rechnungswesen, insbesondere seine Buchführung, nach dem Franchisehandbuch zu gestalten. Der Franchisenehmer wird dem Franchisegeber je ein Exemplar der monatlichen betriebswirtschaftlichen Auswertungen und der geprüften Jahresbilanzen einschließlich Gewinn- und Verlustrechnung zur Verfügung stellen. Die monatlichen Auswertungen sind binnen 30 Tagen und die jährlichen Auswertungen binnen 90 Tagen nach Ablauf des jeweiligen Zeitraumes an den Franchisegeber zu übermitteln.

Der Franchisegeber ist berechtigt, auf seine Kosten die Buchführung und den Jahresabschluss des Franchisenehmers durch einen von ihm beauftragten Wirtschaftsprüfer überprüfen zu lassen.

12. Abwerbeverbot

Der Franchisenehmer darf keinen Mitarbeiter des Franchisegebers oder eines weiteren Franchisepartners unmittelbar oder mittelbar abwerben, anstellen sowie beschäftigen, es sei denn, der Mitarbeiter ist bereits sechs Monate aus den Diensten des Franchisegebers oder des Franchisepartners ausgeschieden. Dies gilt nicht, wenn der betreffende Arbeitgeber ausdrücklich und schriftlich zustimmt.

13. Verschwiegenheit

Der Franchisenehmer und seine Mitarbeiter und Erfüllungsgehilfen haben über den Inhalt dieses Vertrages, des Franchisehandbuchs und der sonst dem Vertrag beigefügten Unterlagen Verschwiegenheit zu wahren. Das Gleiche gilt hinsichtlich sonstiger Geschäfts- und Betriebsgeheimnisse des Franchisegebers. Diese Verpflichtung gilt auch für die Zeit nach Beendigung des Vertragsverhältnisses.

14. Abtretung, Geschäftsveräußerung, Tod

Der Franchisenehmer kann die Rechte und Pflichten aus diesem Vertrag nicht ohne vorherige schriftliche Zustimmung des Franchisegebers auf Dritte übertragen. Eine Abtretung einzelner Rechte, eine Verpachtung, eine Verpfändung oder eine sonstige Verfügung, gleich welcher Art, ist ohne Zustimmung des Franchisegebers unzulässig.

Beabsichtigt der Franchisenehmer, den Franchisebetrieb zu veräußern, so hat er dies dem Franchisegeber unverzüglich schriftlich anzuzeigen und dabei alle persönlichen und finanziellen Angaben hinsichtlich des in Aussicht genommenen Erwerbers mitzuteilen, die es dem Franchisegeber ermöglichen zu entscheiden, ob der vorliegende Vertrag für die ursprünglich vereinbarte Dauer mit dem Erwerber fortgesetzt wird. In jedem Fall hat der in Aussicht genommene Erwerber die allgemeinen Anforderungen, die der Franchisegeber an seine Franchisenehmer stellt, zu erfüllen. Dies bezieht sich insbesondere auf Bonität, Seriosität, Sachkunde und Geschäftserfahrung.

Der Franchisegeber wird innerhalb von zwei Monaten nach Empfang der Ankündigung und der vollständigen Angaben entscheiden, ob der Veräußerung und Vertragsfortführung zugestimmt wird oder ob der Franchisegeber selbst oder durch einen ihm benannten Dritten das Geschäft erwerben will.

Hat der Franchisenehmer den Willen, das Geschäft zu verkaufen, gegenüber dem Franchisegeber nach Ziffer 2) kundgetan, so ist er auf entsprechende Aufforderung binnen zwei Monaten nach Eingang der schriftlichen Mitteilung über die Verkaufsabsicht verpflichtet, das Geschäft mit allen Aktiven und Passiven auf den Franchisegeber oder auf einen von diesem benannten Dritten innerhalb von weiteren drei Monaten zu übertragen.

15. Allgemeine Geschäftsbedingungen

Auf die Lieferung des Franchisegebers an den Franchisenehmer finden im Übrigen die allgemeinen Geschäftsbedingungen des Franchisegebers (insbesondere die Verkaufs-, Liefer-, Zahlungs- und Montagebedingungen) in ihrer jeweils gültigen Form Anwendung, ohne dass es hierfür im Einzelfall einer besonderen Vereinbarung bedarf.

Die den Lieferungen zugrundeliegenden Preise ergeben sich aus der jeweiligen gültigen Preisliste des Franchisegebers für den Franchisepartner.

Der Franchisegeber informiert den Franchisenehmer rechtzeitig über Änderungen der allgemeinen Geschäftsbedingungen und der Preisliste. Der Franchisegeber wird bei diesen Änderungen die Interessen des Franchisenehmers angemessen berücksichtigen. Die im Zeitpunkt des Vertragsabschlusses geltenden Fassungen sind Anlage zu diesem Vertrag.

16. Wettbewerbsverbot

Der Franchisenehmer verpflichtet sich, während der Dauer des Vertrages sich weder unmittelbar noch mittelbar an einem anderen Unternehmen zu beteiligen, ein Unternehmen zu erwerben oder zu errichten noch für ein anderes Unternehmen in irgendeiner Form unmittelbar oder mittelbar, selbständig oder unselbständig tätig zu sein, das mit dem Franchisegeber in Konkurrenz steht. Zulässig ist allein eine Kapitalbeteiligung an konkurrierenden Unternehmen, die es dem Franchisenehmer nicht ermöglicht, einen wesentlichen Einfluss auf das geschäftliche Verhalten dieses Unternehmens auszuüben.

In jedem Fall der Beendigung des Vertragsverhältnisses ist es dem Franchisenehmer für die Dauer von einem Jahr untersagt, im Vertragsgebiet ein Gewerbe zu betreiben, das sich mit dem Verkauf von ... (genaue allgemeine Definition der Produkte, die zu den Vertragsprodukten in Konkurrenz stehen) befasst. Das gleiche gilt für jede Tätigkeit für ein Konkurrenzunternehmen, gleichgültig, ob diese Tätigkeit unmittelbar oder mittelbar in einem Anstellungsverhältnis oder selbständig oder durch eine Mittelperson ausgeübt wird. Der Franchisenehmer darf sich in dem genannten Zeitraum an einem solchen Unternehmen auch nicht direkt oder indirekt beteiligen oder es auf andere Weise fördern. Zulässig ist jedoch eine Beteiligung der in Ziffer 1) Satz 2 genannten Art. Der Franchisenehmer erhält eine angemessene Entschädigung in Höhe von maximal der Hälfte des auf die genannten Produktgruppen entfallenden jährlichen Durchschnittsgewinns der letzten drei Jahre, sofern ihm aufgrund besonderer individueller Umstände eine Tätigkeit außerhalb des Vertragsgebietes nicht zumutbar ist, so dass die Entschädigung wegen der besonderen Schutzwürdigkeit des Franchisenehmers rechtlich geboten erscheint.

Kündigt der Franchisegeber aus wichtigem Grund fristlos, so hat der Franchisenehmer keinen Anspruch auf Entschädigung. Verzichtet der Franchisegeber schriftlich auf die Wettbewerbsbeschränkung, so ist der Franchisegeber mit Ablauf von vier

Monaten seit der Erklärung von der Verpflichtung zur Zahlung der Entschädigung befreit.

Die Entschädigung ist während der Dauer des Wettbewerbsverbots zu entrichten; sie ist nachträglich vierteljährlich auszuzahlen.

Ein während der Dauer des nachvertraglichen Wettbewerbsverbots vom Franchisenehmer anderweitiger oder ein böswillig unterlassener Erwerb ist auf die Wettbewerbsentschädigung in vollem Umfang anzurechnen.

17. Vertragsdauer und ordentliche Kündigung

Dieser Vertrag ist befristet zum ... (konkretes Datum einsetzen)[87].

Nach Ablauf der in Ziffer 1) vereinbarten Vertragszeit verlängert sich der Vertrag jeweils um vier Jahre, wenn er nicht durch eine der Parteien zwölf Monate vor seinem Ablauf gekündigt wird.

Die Kündigung hat schriftlich zu erfolgen.

18. Außerordentliche Kündigung

Dieser Vertrag kann außerordentlich aus wichtigem Grund fristlos oder befristet gekündigt werden.

Ein wichtiger Grund liegt insbesondere vor

a) sofern die jährlichen Einkaufsumsätze (einschließlich Umsatzsteuer) des Franchisenehmers für Produkte des Franchisegebers Euro ... für das erste Vertragsjahr, Euro ... für das zweite Vertragsjahr, Euro ... für das dritte Vertragsjahr nicht erreicht werden und dies darauf beruht, dass der Franchisenehmer die ihm nach diesem Vertrag obliegenden Pflichten trotz Abmahnung nicht erfüllt hat,

b) bei Einstellung der geschäftlichen Tätigkeit durch den Franchisenehmer,

c) bei Versagung, Widerruf oder Rücknahme etwa erforderlicher Genehmigungen zur Ausübung des Franchiseunternehmens, sofern dadurch der Franchisebetrieb vorübergehend oder auf Dauer nicht aufgenommen oder fortgeführt werden kann,

d) bei Zahlungsunfähigkeit oder Zahlungseinstellung seitens eines Vertragspartners,

e) bei Eröffnung eines Insolvenzverfahrens über das Vermögen eines Vertragspartners,

f) bei Verurteilung des Franchisenehmers wegen eines Vermögensdeliktes,

g) bei nachhaltiger Verletzung des Wettbewerbsverbots durch den Franchisenehmer oder seine Erfüllungsgehilfen,

h) bei Zahlungsverzug des Franchisenehmers um mindestens 14 Tage in drei hintereinanderliegenden Fällen trotz schriftlicher Mahnung,

i) bei Verletzung von Verschwiegenheitspflichten durch den Franchisenehmer oder seiner Erfüllungsgehilfen (Ziffer 13 des Vertrages),

87 In der Regel mehr als fünf Jahre! Vgl. Niebling, MDR 2008, 841

j) bei längerdauernder und den Franchisenehmer unzumutbar belastender Lieferunfähigkeit des Franchisegebers.

Das Recht zur fristlosen Kündigung kann nur binnen sechs Wochen ausgeübt werden, nachdem der Berechtigte von den Kündigungstatsachen Kenntnis erlangt hat; sind die wichtigen Gründe von Dauer (Dauertatbestände), so ist die fristlose Kündigung spätestens sechs Monate nach Kenntnis der Kündigungstatsachen und zugleich spätestens sechs Wochen nach Beendigung dieses Dauertatbestandes zu erklären.

19. Folgen der Vertragsbeendigung

Nach Beendigung des Vertrages ist der Franchisenehmer nicht berechtigt, die vom Franchisegeber hergestellten oder gehandelten Produkte zu vertreiben.

Wird der Vertrag – gleichgültig aus welchem Grunde – beendet, so darf der Franchisenehmer die Namen, Warenzeichen und sonstigen in Ziffer 1) genannten Merkmale der Produkte und Dienstleistungen und allgemein des Franchisesystems nicht mehr gebrauchen. Er hat sämtliche ihm vom Franchisegeber überlassenen Unterlagen, Prospekte, Broschüren, Preislisten u. a. an den Franchisegeber unverzüglich herauszugeben und darf selbst hergestellte und auf den Franchisegegenstand bezogene Broschüren usw. nicht mehr verwenden. Das Gleiche gilt für alle vom Franchisegeber bezogenen Ausstattungsgegenstände und sonstiges Eigentum des Franchisegebers. Der Franchisenehmer hat ferner alle Zeichen, Beschriftungen und sonstigen Kennzeichen aus dem Geschäftslokal zu entfernen, die auf den Franchisegeber oder das Franchisesystem hinweisen.

Evtl. im Warenlager oder als Ausstellungsstücke beim Franchisenehmer vorhandene und vom Franchisegeber gelieferte Produkte werden vom Franchisegeber gegen Erstattung des Nettoeinkaufspreises abzüglich der aus dem Franchisehandbuch ersichtlichen Herabstufung zurückgenommen. Dies setzt voraus, dass die Produkte im Zeitpunkt der Vertragsbeendigung noch in einem verkaufsfähigen Zustand sind, noch im Verkaufssortiment des Franchisegebers geführt werden und das Warenlager nicht durch falsch disponierten Lagerbestand aufgebaut wurde. Der Franchisenehmer ist darüber hinaus verpflichtet, bis Vertragsende seine Lagerbestände in zumutbarer Weise zu veräußern.

Dem Franchisenehmer steht ein Pfand- oder Zurückbehaltungsrecht an Vermögensgegenständen des Franchisegebers und an den ihm zur Verfügung gestellten Unterlagen, Prospekten, Broschüren, Preislisten und dergleichen nicht zu.

Der Franchisegeber hat das Recht, die im Beendigungsstichtag bei dem Franchisenehmer vorhandenen Aufträge und Angebote, die auf das Franchisesystem bezogen sind, selbst oder durch Dritte zu bearbeiten und in die Verpflichtungen des Franchisenehmers einzutreten. Der Franchisenehmer erhält für diese Aufträge eine pauschale Provision in Höhe von ... % der aus dem jeweiligen Auftrag tatsächlich erhaltenen Zahlung des Franchisegebers bzw. des Dritten.

Die Einzelheiten sind dem Franchisehandbuch zu entnehmen.

20. Vertragsstrafe

Der Franchisenehmer hat an den Franchisegeber unbeschadet weitergehender Ansprüche für jeden Fall der Zuwiderhandlung gegen die in diesem Vertrag enthaltenen Verpflichtungen ... eine Vertragsstrafe in Höhe von bis zu ... Euro zu zahlen.

21. Beirat

Bei dem Franchisegeber wird ein beratender Beirat gebildet. Dem Beirat gehören fünf von den Franchisepartnern gewählte Franchisenehmer an. Die Wahl kann schriftlich im Postwege erfolgen. Der Beirat berät den Franchisegeber in allen Fragen der Geschäftspolitik. Er arbeitet aufgrund einer eigenen Geschäftsordnung. Wird der Beirat nicht gebildet, nimmt er seine Arbeit nicht auf oder stellt er diese ein, so werden dadurch die Verpflichtungen der Vertragspartner nach dem vorliegenden Vertrag nicht berührt. Gleiches gilt im Hinblick auf die Auswirkungen sämtlicher sonstiger Handlungen oder Unterlassungen des Beirates.

22. Verjährung

Alle Ansprüche der Vertragspartner aus diesem Vertrag verjähren in 24 Monaten nach ihrer Fälligkeit. Bei Ansprüchen, deren Geltendmachung von der Kenntnis besonderer Umstände abhängt, beginnt die Verjährung in dem Zeitpunkt, in dem die Vertragspartei von den Umständen Kenntnis erlangt hat. Die Verjährung tritt in jedem Fall spätestens mit Ablauf von drei Jahren nach Fälligkeit des Anspruchs ein. Diese Regelung gilt sowohl für vertragliche als auch für deliktische und sonstige gesetzliche Ansprüche.

23. Höhere Gewalt, Verzug, Haftungsbeschränkung, Aufrechnung

Wird eine von den Vertragsparteien geschuldete Leistung durch unvorhersehbare und unverschuldete Umstände verzögert (z. B. Arbeitskämpfe, Betriebsstörungen, Transporthindernisse, behördliche Maßnahmen – jeweils auch bei den Vertragspartnern des Franchisegebers –), so ist die Vertragspartei berechtigt, die Leistungen um die Dauer der Behinderung hinauszuschieben. Darüber hinausgehende Ansprüche der anderen Vertragspartei sind ausgeschlossen.

Sollte dem Franchisenehmer aufgrund eines vom Franchisegeber verschuldeten Verzuges ein Schaden erwachsen, so ist der Franchisenehmer berechtigt, eine Verzugsentschädigung zu fordern. Das Recht zur Geltendmachung setzt voraus, dass der Franchisegeber eine von dem Franchisenehmer schriftlich gesetzte Nachfrist, die zwei Wochen nicht unterschreiten darf, nicht eingehalten hat. Die Höhe der Verzugsentschädigung beträgt für jede volle Woche des Verzuges maximal 0,5 %, insgesamt jedoch höchstens 5 % vom Wert desjenigen Teils der Leistung, der infolge der Verspätung nicht rechtzeitig erbracht wurde. Darüber hinausgehende Ansprüche sind ausgeschlossen, es sei denn, der Verzug beruht auf grober Fahrlässigkeit oder Vorsatz.

Ein für den Fall schuldhafter Vertragsverletzung dem Franchisenehmer entstehender Anspruch auf Schadensersatz wegen Nichterfüllung oder positiver Vertragsverletzung oder aus sonstigen Rechtsgründen wird zugunsten des Franchisegebers dahingehend begrenzt, dass dieser haftet,

a) in voller Schadenshöhe nur bei grobem Verschulden seiner Organe oder leitenden Angestellten;

b) dem Grunde nach bei jeder schuldhaften Verletzung wesentlicher Vertragspflichten;

c) außerhalb solcher Pflichten dem Grunde nach nur für grobes Verschulden einfacher Erfüllungsgehilfen.

Der Höhe nach haftet der Franchisegeber im Falle b) und c) nur für Ersatz des voraussehbaren Schadens.

Der Franchisenehmer kann wegen eigener Ansprüche gegen die Forderungen des Franchisegebers nur aufrechnen oder Zurückbehaltungsrechte geltend machen, soweit seine Ansprüche unbestritten oder festgestellt sind.

24. Gerichtsstand, anwendbares Recht, Vertragssprache

Ausschließlicher Gerichtsstand ist ...

Es gilt das Recht der Bundesrepublik Deutschland, wie es unter Kaufleuten zur Anwendung kommt. Die Anwendung des einheitlichen Gesetzes über den internationalen Kauf beweglicher Sachen sowie des Gesetzes über den Abschluss von internationalen Kaufverträgen über bewegliche Sachen ist ausgeschlossen.

Die Vertragssprache ist Deutsch.

25. Bestandteile des Vertrages

Das Franchisehandbuch sowie die anderen in diesem Vertrag erwähnten schriftlichen Unterlagen und Anlagen sind Bestandteile dieses Vertrages.

26. Alte Vereinbarungen, Nebenabreden, Änderungen, abweichendes Verhalten, Überschriften

Mit der Unterzeichnung des vorliegenden Vertrages verlieren alle früheren schriftlichen oder mündlichen Vereinbarungen zwischen den Vertragsparteien ihre Rechtswirksamkeit, soweit sie sich auf den Vertragsgegenstand beziehen.

Nebenabreden bestehen nicht.

Besondere Vereinbarungen bedürfen zu ihrer Wirksamkeit der Schriftform.[88]

Auf dieses Erfordernis kann nur durch eine ausdrückliche schriftliche Vereinbarung verzichtet werden.

Durch vom Vertrag abweichendes Verhalten werden weder vereinbarte Rechte und Pflichten verändert oder aufgehoben, noch neue Rechte und Pflichten begründet.

88 Schriftformklauseln sind nach § 307 BGB nicht unbedenklich. Der BGH hat die Klausel „Änderungen oder Ergänzungen bedürfen der Schriftform" als gegen § 9 AGBG verstoßend angesehen und für unwirksam erklärt (BGH, BB 1995, 724 – NJW 1995, 1488). Es ist jedoch zweifelhaft, ob diese Rechtsprechung auf die vorliegende Schriftformklausel übertragen werden kann, da für die vorliegende Klausel sachliche Gründe sprechen.

Die Überschriften zu den einzelnen Vorschriften dieses Vertrages dienen lediglich der besseren Orientierung. Sie haben keinen eigenständigen Regelungsgehalt und keine rechtliche Bedeutung.

27. Salvatorische Klausel

Sollten Bestimmungen dieses Vertrages oder eine künftig in ihn aufgenommene Bestimmung ganz oder teilweise nicht rechtswirksam oder nicht durchführbar sein oder ihre Rechtswirksamkeit oder Durchführbarkeit später verlieren, so soll hierdurch die Gültigkeit der übrigen Bestimmungen des Vertrages nicht berührt werden. Das Gleiche gilt, soweit sich herausstellen sollte, dass der Vertrag eine Regelungslücke enthält. Anstelle der unwirksamen oder undurchführbaren Bestimmungen oder zur Ausfüllung der Lücke soll eine Regelung gelten, die der unwirksamen oder undurchführbaren Bestimmung bei wirtschaftlicher Betrachtungsweise im Rahmen des rechtlich Zulässigen am besten entspricht oder im Falle der Lücke, die berücksichtigt, was die Vertragsparteien nach dem Sinn und Zweck des Vertrages gewollt haben würden, sofern sie bei Abschluss dieses Vertrages oder bei der späteren Aufnahme einer Bestimmung den Punkt bedacht hätten[89].

28. Der Franchisenehmer

bestätigt, ein Exemplar dieses Vertrages einschließlich Anlagen erhalten zu haben. Soweit der Franchisenehmer das Franchisehandbuch noch nicht erhalten hat, weil die Einmalzahlung noch nicht geleistet wurde, hat er die Möglichkeit, dieses beim Franchisegeber einzusehen.

....	....
Ort, Datum	Ort, Datum
....	....
Franchisegeber	Franchisenehmer

89 Hierzu Fn. 66 zum 1. Handelsvertretervertrag (S. 36).

V. Vertriebsrecht als AGB-Recht

Unser heutiges AGB-Recht basiert an sich auf einer Rechtsprechung, die bereits vor über 50 Jahren eine Inhaltskontrolle mit Schwerpunkt im kaufmännischen Rechtsverkehr durchgeführt hat. Da im Vertriebsrecht fast durchweg Vertragsformulare Verwendung finden, ist die Bedeutung des AGB-Rechts im Vertriebsrecht nicht zu unterschätzen: Vertriebsrecht ist (auch) AGB-Recht.[90]

1. Historie

1.1 Die Sicht der Rechtsprechung

Oft wird übersehen, dass der BGH wesentliche Entscheidungen zur AGB-Inhaltskontrolle vor Inkrafttreten des AGB-Rechts nicht zum Verbraucherbereich, sondern zum unternehmerischen Geschäftsverkehr getroffen hat. Hier lag sogar der Schwerpunkt der Entscheidungspraxis, die durch ein Urteil vom 29. 10. 1956[91] eingeleitet wurde. Auch die Fragen der Einbeziehung von AGB wurde vom BGH richtungsweisend und im Grundsatz auch heute noch gültig entschieden.[92] Lediglich auf zwei Urteile ist besonders hinzuweisen:

Urteil vom 7. 6. 1978 zur Einbeziehung: Ein Abdruck von AGB auf den Lieferscheinen führt nicht zur Einbeziehung der AGB. Der Verwender müsse bereits bei Vertragsschluss oder durch kaufmännisches Bestätigungsschreiben klarstellen, welche AGB gelten sollen. Unklarheiten gingen zu Lasten des Verwenders, es ist seine Sache „für eine mit dem Gebot der Rechtsklarheit und Rechtssicherheit zu vereinbarenden Einbeziehung seiner Geschäftsbedingungen in der Vertrag zu sorgen."[93]

Urteil vom 20. 10. 1956 zur Inhaltskontrolle: Der (kaufmännische) Verkäufer müsse seine Preise „nach solchen Bedingungen kalkulieren, die sich mit den Geboten von Treu und Glauben vereinbaren lassen, und sie dürfen sich insoweit nicht über solche Bedingungen hinwegsetzen, die für den Rahmen des rechtlich Billigen und Vertretbaren gelten. Die Möglichkeit, dass bei rechtlich unbilligen Verkaufsbedingungen dadurch unter Umständen auch für den Käufer ein wirtschaftlich etwas günstigerer Preis kalkuliert werden

---

90 Zur aktuellen Entwicklung im AGB-R: Niebling, MDR 2019, 844 und 907; ders., MDR 2020, 650; ders., ZVertriebsR 2012, 79; Graf von Westphalen, ZVertriebsR 2020, 275

91 BGHZ 22, 90

92 BGH, Urt. v. 7. 6. 1978 – VIII ZR 146/77 – NJW 1978, 2243; hierzu auch Hensen, FS Brandner 1996, 231, 232

93 Wie Fn. 92 oben

kann, vermag ein solches – nämlich rechtlich unbilliges – Verhalten nicht zu rechtfertigen."[94]

Damit hat die Rechtsprechung einer Abgrenzung zwischen Individualabrede und AGB-Verwendung wesentlich größeres Gewicht beigemessen als der Frage, ob die Verwendung gegenüber einem Verbraucher oder einem Kaufmann erfolgt ist – auch wenn hier natürlich ein Differenzierungsbedarf für den Einzelfall gesehen wurde.[95]

Im Ergebnis hatte die Rechtsprechung des BGH daher sowohl die Grundlinien des AGB-Gesetzes wie auch das heutige AGB-Recht und die hierzu ergangene Rechtsprechung vorgezeichnet.[96] Auffällig ist auch, dass ein großer Teil der Klauseln, die in den §§ 308 und 309 BGB ausgeführt sind, der Rechtsprechung zum kaufmännischen Rechtsverkehr entnommen wurden.[97]

1.2 Die Sicht der Rechtslehre

Bereits 1972 standen bei einer Arbeitsgruppe, die vom Bundesminister der Justiz einberufen wurde, um gesetzliche Maßnahmen zum AGB-Recht auszuarbeiten, wie auch beim 50. Deutschen Juristentag in Hamburg Fragen der Einbeziehung von b2b-Verträgen im Vordergrund. Stichworte vom „Sand im Getriebe unternehmerischen Handels"[98] blieben nicht aus und zahlreiche Autoren setzten sich dafür ein, den kaufmännischen Rechtsverkehr soweit wie möglich aus dem Anwendungsbereich des AGB-Gesetzes zu nehmen. Diese Auffassung ist noch heute zumindest in der Tendenz weit verbreitet,[99] entspricht jedoch weder der Rechtsprechung vor Inkrafttreten des AGBG noch der heutigen auf der Grundlage der §§ 305 ff. BGB geltenden. Die „mittlere Lösung" der Anwendbarkeit des § 9 AGBG bzw. § 307 BGB für den b2b-Verkehr und damit das Vertriebsrecht ermöglicht flexible und sachgerechte Lösungen. Ziel des Gesetzes, sowohl des AGB-Gesetzes wie auch der Integration des AGB-Gestzes im Rahmen der Schuldrechtsmoder-

94 BGHZ 22, 90; bereits Raiser, Das Recht der AGB, 1935, 290; hierzu ausführlich Fischer, BB 1957, 481, 485

95 Fischer, BB 1957, 481, 486

96 Auch Heinrichs, 10 Jahre AGB-Gesetz, 1987, S. 23, 30; von Westphalen, in: Löwe/Graf v. Westphalen/Trinkner, Grosskommentar zum AGB-Gesetz, 2. Aufl. 1983, § 24 Rdnr. 4

97 von Westphalen, in: Löwe/Graf v. Westphalen/Trinkner, AGB-Gesetz, 2. Aufl. 1983, § 24 Rdnr. 4

98 Etwa Stumpf, BB 1985, 963

99 KP Berger, NJW 2010, 465; Dauner-Lieb/Axer, ZIP 2010, 309; Müller/Griebler/Pfeil, BB 2009, 2658; Kessler/Stomps, BB 2009, 2666; Koch, BB 2010, 1810; wie hier: Grüneberg/Grüneberg, a. a. O., § 307 Rdnr. 38, wohl auch v. Westphalen, ZIP 2010, 1110 und BB 2010, 195

nisierung in die §§ 305 ff. BGB war und ist es, den Rechtsverkehr von unwirksamen Klauseln freizuhalten und hierbei den b2b-Verkehr nicht auszublenden.

Zudem würde sich die „Schere zum Verbraucher" noch weiter öffnen und der Unternehmer als Vertragspartner eines Verbrauchers würde bei einer Liefer- oder Bearbeitungskette alle wesentlichen Risiken tragen.

2. Vertriebsrecht als b2b-Bereich

2.1 Die zu trennenden Bereiche

Klassischer Anwendungsbereich des AGB-Rechts ist der b2c-Bereich. Der Unternehmer als Verwender, der Kunde als Verbraucher. Diese Verträge werden in § 310 Abs. 3 BGB als Verbraucherverträge legal definiert. Für diese Verträge gelten zudem einige Besonderheiten: Die AGB gelten als gestellt, es sei denn, der Verbraucher hat sie eingeführt, auch Einmalklauseln unterliegen insbesondere der Inhaltskontrolle und auch begleitende Umstände können zur Unwirksamkeit der Klausel führen[100]; vgl. i. E. § 310 Abs. 3 BGB.

Der hier interessierende b2b-Bereich der Vertriebsverträge weist im Wesentlichen Besonderheiten bei der Einbeziehung und der Inhaltskontrolle auf (§ 310 Abs. 1 BGB). Die §§ 305 Abs. 2 und 3 wie auch die §§ 308 und 309 BGB finden keine Anwendung.

Allerdings

- finden § 307 Abs. 1 und 2 BGB auch insoweit Anwendung, als dies im Ergebnis zur Unwirksamkeit der Klauseln nach den §§ 308 und 309 BGB führt;
- ist auf die im Handelsverkehr geltenden Gewohnheiten und Gebräuche angemessen Rücksicht zu nehmen.

2.2 Die Abgrenzung Verbraucher zu Unternehmer

§ 13 BGB stellt insoweit darauf ab, dass eine natürliche Person den Vertrag schließt, der weder ihrer gewerblichen noch der selbständigen beruflichen Tätigkeit zugerechnet werden kann. Nunmehr hat der BGH klargestellt, wann ein Selbständiger als Unternehmer und wann als Verbraucher anzusehen ist. Kann ein **Freiberufler,** etwa ein Rechtsanwalt, sowohl als Unternehmer wie auch als Verbraucher am Rechtsverkehr teilnehmen, so ist dieser nur dann nicht als Verbraucher anzusehen, wenn dieses Handeln eindeutig

100 Caspers, Die den Vertragsschluss begleitenden Umstände i. S. v. § 310 Abs. 3 Nr. 3 BGB, 2011; Kummer, in: AnwK-AGB-R, 2012, § 310 Abs. 3 Rdnr. 26 ff.

und zweifelsfrei der gewerblichen Tätigkeit zuzurechnen ist. Dies ist dann der Fall, wenn das Rechtsgeschäft objektiv in Ausübung der selbständigen oder gewerblichen Tätigkeit abgeschlossen wird, § 14 BGB, oder wenn dies dem Vertragspartner zweifelsfrei zu erkennen gegeben wird[101]. Kauft eine Rechtsanwältin Lampen für die Privatwohnung, so kann auch bei Lieferung an die Kanzleiadresse ein Verbrauchergeschäft vorliegen, sofern die Bestellerin nicht als Rechtsanwältin auftritt, denn sie kann ja in der angegebenen Kanzlei auch als Bürokraft oder Kanzleiangestellte tätig sein. Ist der Rechtsanwalt bei einem Unternehmen für die Bearbeitung von Rechtsfragen angestellt, so ist er als Unternehmer anzusehen.[102]

Existenzgründer fallen dann aus dem Verbraucherbereich heraus, wenn sie unternehmerisch handeln, d.h. der Zweck des Vertrages kein privater ist.[103] Dies kann auch der erste wesentliche Rechtsakt sein. Sondervorschriften gibt es jedoch in den §§ 507, 655 e Abs. 2 BGB; nur nach Maßgabe dieser Bestimmungen liegen Verbrauchergeschäfte vor, ebenso bei reinen Vorbereitungsgeschäften.[104] Zu beachten ist jedoch, dass § 38 ZPO darauf abstellt, dass im Zeitpunkt der Gerichtsstandsvereinbarung die Vertragsparteien Kaufleute sind[105]; Existenzgründergeschäfte reichen für § 38 ZPO nicht.

Nach **§ 14 BGB** fallen hierunter zunächst die juristischen Personen, aber auch natürliche Personen, soweit diese bei Abschluss des Rechtsgeschäfts in Ausübung ihrer gewerblichen oder selbständigen beruflichen Tätigkeit handeln.

Für Vertriebsverträge bedeutet dies, dass auch der erstmalige Abschluss eines Vertriebsvertrages in den b2b-Bereich fällt.[106]

101 BGH, Urt. v. 30.9.2009 – VIII ZR 7/09 – NJ 2010, 162 mit Anm. Glasow; Schürbrand, JZ 2009, 133

102 Offen lassend: BAG v. 17.8.2011 – 5 AZR 406/10 (Transparenzkontrolle Überstunden); zuletzt BGH vom 10.11.2021 – VIII ZR 187/20

103 BGHZ 162, 253 – NJW 2005, 1273; NJW 2008, 435; Grüneberg/Ellenberger § 13 Rdnr. 3; PWW-Prütting § 13 Rdnr. 9; PWW-KP Berger § 310 Rdnr. 2; juris-Lapp/Salamon, 5. Aufl. 2010, § 310 Rdnr. 5; UBH-Ulmer/Schäfer, AGB Recht, 11. Aufl. 2011, § 310 Rdnr. 23. Anders Grüneberg/Grüneberg § 310 Rdnr. 2; kritisch zur Rechtsprechung MK-Micklitz, 6. Aufl. 2012, § 14 Rdnr. 53, 54

104 HK-Döner § 13, 14 Rdnr. 3; Caspers, Die den Vertragsschluss begleitenden Umstände i. S. v. § 310 Abs. 3 Nr. 3 BGB, 2011, S. 34

105 Th/P-Hüßtege, ZPO 32. Aufl. 2012, § 38 Rdnr. 9; Musielak/Heinrich, ZPO 9. Aufl. 2012, § 38 Rdnr. 11

106 AnwK-AGB-R – Semler/Gräfe, Glossar Rdnr. 953; so auch Emde, in: VertriebsR, 2. Aufl. 2012, Vor § 84 Rdnr. 38

Zuletzt der BGH vom 10.11.2021, VIII ZR 187/20:

„Die Vermutung des § 344 Abs. 1 HGB, wonach die von einem Kaufmann vorgenommenen Rechtsgeschäfte im Zweifel als zum Betrieb seines Handelsgewerbes gehörig gelten, findet im Rahmen der Einordnung des rechtsgeschäftlichen Handelns eines Kaufmanns als Verbraucher- oder Unternehmerhandeln nach §§ 13, 14 Abs. 1 BGB jedenfalls dann keine Anwendung, wenn es sich bei dem Kaufmann um eine natürliche Person (Einzelkaufmann) handelt (Fortentwicklung des Senatsurteils vom 18. Oktober 2017 – VIII ZR 32/16, NJW 2018, 150 Rn. 37; Abgrenzung zu BGH, Urteile vom 13. Juli 2011 – VIII ZR 215/10, NJW 2011, 3435 Rn. 19; vom 9. Dezember 2008 – XI ZR 513/07, BGHZ 179, 126 Rn. 22).“

Sowie BGH vom 7.4.2021, VIII ZR 191/19:

„Schließt eine natürliche Person ein Rechtsgeschäft objektiv zu einem Zweck ab, der weder ihrer gewerblichen noch ihrer selbständigen beruflichen Tätigkeit zugerechnet werden kann, so kommt eine Zurechnung entgegen dem mit dem rechtsgeschäftlichen Handeln objektiv verfolgten privaten Zweck nur dann in Betracht, wenn die dem Vertragspartner erkennbaren Umstände eindeutig und zweifelsfrei darauf hinweisen, dass die natürliche Person in Verfolgung ihrer gewerblichen oder selbständigen beruflichen Tätigkeit handelt (Bestätigung von Senatsurteile vom 30. September 2009 – VIII ZR 7/09, NJW 2009, 3780 Rn. 11; vom 13. März 2013 – VIII ZR 186/12, NJW 2013, 2107 Rn. 18)“

3. AGB-Begriff, Einbeziehung und Auslegung im b2b-Bereich

3.1 AGB-Begriff

Für Verbrauchergeschäfte gilt der gleiche AGB-Begriff wie für eine AGB-Verwendung unter Unternehmen.

Einigen sich die Vertriebspartner telefonisch auf den Mustervertrag, so stellt dies das Merkmal des „Stellens“ nicht in Frage. Das Urteil des BGH zur Anwendung des AGB-Rechts bei Vereinbarung eines bestimmten Formulars[107] betraf einen Sonderfall und ist auch im Ergebnis zu weitgehend.

107 BGH, Urt. v. 17.2.2010 – VIII ZR 67/09 (Volvo-Urteil) – MDR 2010, 733, NJW 2010, 1131, DAR 2010, 326 mit Anm. Lorenz S. 314 (zustimmend, aber widersprüchlich: die Klausel „gekauft wie besichtigt“ wird auf S. 317 missbilligt, auf S. 318 für zulässig erachtet), kritisch: Niebling, in: AnwK-AGB-R, 2012, § 305 Rdnr. 46 ff.; Niebling, NJ 2010, 301; ders., ZfS 2010 S. 482 ; zu den Auswirkungen im Mietrecht Niebling, ZMR 2010, 509; Miethaner, NJW 2010, 3121; dem BGH folgend: Probst, JR 2011, 210

Auch bei einzelnen Klauseln reicht es nicht, wenn diese besprochen werden und der andere Vertragsteil erklärt, ich bin hiermit einverstanden. Für ein Aushandeln muss vielmehr Abänderungsbereitschaft erkennbar sein, der Verwender **muss den gesetzesfremden Kerngehalt ernsthaft zur Disposition** stellen[108]. Da der Verwender gleichlautende Verträge verwenden möchte, bedarf es hier keiner Vermutung für das Vorliegen von AGB[109], diese kann vielmehr unschwer nachgewiesen werden. Der Verwender macht sich i. Ü. durch falschen Vortrag im Prozess strafbar.

3.2 Einbeziehung

Schon einleitend wurde darauf hingewiesen, dass der BGH im b2b-Bereich an der Geltung der **Rechtsgeschäftslehre** festhält; die Einbeziehung setzt daher grundsätzlich Kenntnis der AGB bei Vertragsschluss voraus.[110] Dies gilt auch für Anlagen zum Vertrag.

Eigene AGB wird der Vertriebsmittler schon wegen der Übermacht des Herstellers/Prinzipals nicht verwenden, so dass eine **Kollision von AGB** (hier gilt das Prinzip der Kongruenzgeltung; soweit die AGB übereinstimmen, gelten diese, i. Ü. gilt das Gesetz[111]) nicht typisch ist.

Eine Einbeziehung durch **kaufmännisches Bestätigungsschreiben** ist dagegen durchaus möglich.[112] Hierdurch können auch weitere Anlagen über die besprochenen hinaus Vertragsbestandteil werden, soweit nicht rechtzeitig widersprochen wird.

3.3 Auslegung, geltungserhaltende Reduktion und ergänzende Vertragsauslegung

Der Grundsatz **objektiver Auslegung** wie der Grundsatz der **kundenfeindlichsten Auslegung** gilt auch im Vertriebsrecht. Individuelle Umstände können nur insoweit berücksichtigt werden, als dies § 242 BGB zulässt; so kann es unzulässig sein, sich auf eine wirksame, aber benachteilige Klausel zu

108 Grüneberg/Grüneberg, § 305 Rdnr. 21; PWW-Berger, BGB, § 305 Rdnr. 7; W/L/P-Pfeiffer, 5. Aufl. 2009 § 305 Rdnr. 32; AK-Kollmann, BGB 2005 § 305 Rdnr. 11; HK-Schulte-Nölke, BGB, 6. Aufl. 2009: verlangen beide unabhängig voneinander die Einbeziehung derselben AGB, so sind die §§ 305 ff. nicht anwendbar.

109 So in der Tendenz Emde, in: VertriebsR, 2. Aufl. 2012, Vor § 84 Rdnr. 36

110 BGH, Urt. v. 7. 6. 1978 – VIII ZR 146/77 – NJW 1978, 2243; hierzu auch Hensen, FS Brandner 1996, 231, 232; BGHZ 117, 190; Grüneberg/Grüneberg, § 305 Rdnr. 49 ff.; Hubert Schmidt, NJW 2011, 3329

111 Niebling, BauR 1981, 227; Grüneberg/Grüneberg, § 305 Rdnr. 54

112 Niebling, in: AnwK-AGB-R, 2012, § 305 Rdnr. 96 ff.; Hubert Schmidt, NJW 2011, 3329, 3333; vgl. Hopt § 346 Rdnr. 18; zutreffend Jauernig/Stadler § 305 Rdnr. 21

berufen; § 310 Abs. 3 BGB findet im b2b keine Anwendung. Ebenso gilt der Grundsatz, dass sich der Verwender einer unwirksamen Bedingung nicht auf deren Unwirksamkeit berufen kann. Hiermit soll jedoch nur verhindert werden, dass der Klauselgegner durch die Unwirksamkeit der Klausel schlechter gestellt wird, als er im Falle der Wirksamkeit stünde.[113]

Eine **geltungserhaltende Reduktion** ist auch hier unzulässig. Laufzeiten oder Kündigungsfristen können nicht auf das gerade noch Zulässige reduziert werden[114]

Auch bei Unwirksamkeit einer Preisanpassungsklausel bleibt der Vertrag i. Ü. wirksam[115].

Eine geltungserhaltende Reduktion kommt auch bei unwirksamen Klauseln in gewerblichen Mietverträgen[116] oder Architektenverträgen[117] nicht in Betracht. Eine Mieterhöhung kann nicht verlangt werden[118].

Eine **ergänzende Vertragsauslegung** kann bei der Unwirksamkeit von AGB auch im b2b-Bereich grundsätzlich nicht erfolgen, da hierdurch das Risiko der Verwendung ähnlich einer verbotenen geltungserhaltenden Reduktion teilweise auf den Vertragspartner verlängert würde.[119]

Nach der Rechtsprechung des VIII. Senats des BGH kommt eine ergänzende Vertragsauslegung nur dann in Betracht, wenn sich die mit dem Wegfall einer unwirksamen Klausel entstehende Lücke nicht durch dispositives Gesetzesrecht füllen lässt und dies zu einem Ergebnis führt, das den beider-

113 BGH, Urt. v. 13.7.2011 – VIII ZR 215/10 unter 34; BGH, Urt. v. 5.6.2006 – VIII ZR 152/05

114 BGH, Urt. v. 15.7.2009 – VIII 307/08 – NJW 2009, 3506, mit Anm. Niebling, ZMR 2009, Heft 12; BGH, Urt. v. 21.12.2011 – VIII ZR 262/09 unter Rdnr. 24; Niebling MDR 2011, 141, ders. MDR 2008, 841

115 BGH, Urt. v. 13.1.2010 – VIII ZR 81/08

116 BGH, Urt. v. 31.8.2010 – VIII ZR 28/10

117 BGH, Urt. v. 7.4.2011 – VII ZR 209/07 (Aufrechnungsklausel)

118 BGH, Urt. v. 24.3.2010 – VIII ZR 177/09 – NJW 2010, 1590; BGH, Urt. v. 31.8.2010 – VIII ZR 28/10

119 Keine ergänzende Vertragsauslegung auch bei Preiserhöhungsklauseln: BGH, Urt. v. 29.4.2008 – KZR 2/07 – Gassondervertrag; zu Preiserhöhungsklauseln in Dauerschuldverhältnissen auch: BGH, Urt. v. 21.9.2005 – VIII ZR 38/05 – NJW-RR 2005, 1717; BGH, Urt. v. 13.12.2006 – VIII ZR 25/06 – NJW 2007, 1054; BGH, Urt. v. 15.11.2007 – III ZR 247/06; BGH, Urt. v. 28.7.2011 – VII ZR 207/09 zur Gewährleistungsbürgschaft; hierzu zu Unrecht kritisch v. Westphalen, MDR 2008, 424; anders auch Uffmann, NJW 2011, 1313; HK-Schulte-Nölke § 306 Rdnr. 6; BGH, NJW 1996, 1407; Jauernig/Stadler § 306 Rdnr. 3, 4

seitigen Interessen nicht mehr in vertretbarer Weise Rechnung trägt, sondern das Vertragsgefüge völlig einseitig zugunsten des Kunden verschiebt.[120]

Formularmäßige Schiedsabreden sind zunächst sorgfältig auch nach der Unklarheitenregelung des § 305 c Abs. 2 BGB auszulegen[121].

4. Inhaltskontrolle im Vertriebsrecht

4.1 Grundsatz

Fällt eine Klausel bei Verwendung gegenüber Verbrauchern unter § 309 BGB, so ist dies ein **Indiz dafür, dass sie auch im Falle der Verwendung gegenüber Unternehmern zu einer unangemessenen Benachteiligung führt,** es sei denn, sie kann wegen der besonderen Interessen und Bedürfnisse des unternehmerischen Geschäftsverkehrs ausnahmsweise als angemessen angesehen werden.[122]

Freizeichnungen für die Verletzung des Lebens, des Körpers und der Gesundheit sind auch im unternehmerischen Geschäftsverkehr unwirksam. Auch die Haftung für Vorsatz und grobe Fahrlässigkeit kann nicht ausgeschlossen werden.[123]

Ein konkretes Machtungleichgewicht ist für eine Inhaltskontrolle im Vertriebsrecht nicht erforderlich.[124] Leitbildfunktion kann hierbei – neben dem HGB[125] – auch den Gruppenfreistellungsverordnungen zukommen.[126] Entscheidend ist die Rechtsnatur wie auch der Vertragszweck des Vertriebsvertrages.[127]

---

120 BGH, Urt. v. 9. 2. 2011 – VIII ZR 295/09; BGH, Urt. v. 13. 1. 2010 – VIII ZR 81/08; BGH, Urt. v. 7. 6. 2011 – VIII ZR 333/10; Kummer, in: AnwK-AGB-R, 2012, § 305 c Rdnr. 39 ff.

121 BGH, Urt. v. 8. 2. 2011 – XI 168/08

122 BGH, Urt. v. 19. 9. 2007 – VIII ZR 141/06 – BGHZ 174, 1, NJW 2007, 2270 und BGHZ 90, 273, 278; Bornhofen, in: AnwK-AGB-R, 2012, § 309 Nr. 7 Rdnr. 27 ff.; Hensen, NJW 1987, 1986; Jauernig/Stadler § 307 Rdnr. 1; zu Unrecht kritisch Hopt, 35. Aufl. 2012, (5) Einleitung vor § 305 Rdnr. 4 und Kessel/Stomps BB 2009, 2666

123 BGH, Urt. v. 19. 9. 2007 – VIII ZR 141/06, S. 7 f.

124 Zutreffend auch Jauernig/Stadler, § 305 Rdnr. 1

125 BGH, NJW RR 88, 10, 80; Roth, in: Koller/Roth/Morck, HGB 7. Aufl. 2011, Vor § 84 Rdnr. 10

126 Niebling, in: AnwK-AGB-R, Glossar Rdnr. 1762; „Indizwirkung der GVO“: Prasse, in: Heidel/Schall, HGB, 2011, Anh. FranchiseR, Rdnr. 46

127 Martinek, in: Martinek/Semler/Habermeier/Flohr, Handbuch des Vertriebsrechts, § 4 Rdnr. 12 ff. und Martinek/Habermeier § 27 Rdnr. 28 ff. (zum Franchisevertrag)

4.2 Transparenzgebot

Das Transparenzgebot findet auch im b2b-Bereich bei Vertriebsverträgen Anwendung.[128]

Zu Recht führt der XII Senat des BGH (zu den Kosten des „Center Managements“)[129] hierzu aus:

„Verstöße gegen das Transparenzgebot entsprechen nicht den Gebräuchen und Gepflogenheiten des Handelsverkehrs (§ 310 Abs. 1 Satz 2 BGB) und führen daher auch gegenüber einem Unternehmer zur Unwirksamkeit formularmäßiger Geschäftsbedingungen. Das gilt auch dann, wenn der mit den Geschäftsbedingungen konfrontierte Unternehmer eine bedeutende Marktstellung innehat, aufgrund derer er von vorneherein hätte versuchen können, andere Vertragsbedingungen auszuhandeln.“

Die Frage, ob eine Gefahr der inhaltlichen Benachteiligung des Vertragspartners für die Unwirksamkeit einer intransparenten Klausel hinzukommen muss, lässt der BGH offen[130].

4.3 Summierungs- und Kompensationseffekt

Klauseln, die für sich betrachtet noch zulässig sind, können im Zusammenhang mit anderen Klauseln unzulässig sein[131]. Unerheblich ist hierbei eine sprachliche oder räumliche Trennung, wenn ein einheitliches Konzept zu Grunde liegt und eine „untrennbare Einheit“ aufgelöst würde.[132] Umge-

---

128 Etwa BGHZ 183, 299 – NJW 2010, 671; BGH, Urt. v. 4.5.2011 – XII ZR 112/09; BGH, Urt. v. 3.8.2011 – XII ZR 205/09 (Umlage „Centermanagement“); Niebling, in: AnwK-AGB-R, 2012, Glossar Rdnr. 1563 ff.; ders., in: NJ 2019, Heft 3; ders., MDR 2020, 650; Grüneberg/Grüneberg, a. a. O., § 307 Rdnr. 16 ff.; Grüneberg/Grüneberg, a. a. O., § 307 Rdnr. 16 ff.; OLG Celle, Urt. v. 30. 10. 2008 – 11 U 78/08. Mit dem Transparenzgebot in der Landpacht setzt sich der BGH mit Urteil vom 23. 4. 2010 – LwZR 15/08 auseinander; BGH, Urt. v. 24. 2. 2010 – XII ZR 69/08; hierzu auch Theesfeld, NJ 2011, 133, 135; Fehrenbach/Maetschke, WM 2010, 1149; BGH, Urt. v. 8. 12. 2010 – VIII ZR 343/09 – WM 2011, 140; BGH, Beschluss v. 14. 12. 2010 – VIII ZR 143/10; BGH, Urt. v. 23. 2. 2011 – XII ZR 101/09

129 BGH, Urt. v. 3. 8. 2011 – XII ZR 205/09 (Umlage „Centermanagement“)

130 Entgegen der h. M. ist dies abzulehnen; intransparente Klauseln sind i. d. R. geeignet, den Kunden von der Geltendmachung seiner Rechte abzuhalten; ausführlich Niebling, MDR 2020, 650

131 BGH, Urt. v. 5. 5. 2011 – VII ZR 179/10 unter Ziffer 29; BGH, Urt. v. 9. 12. 2010 – VII ZR 7/10: (Vertragserfüllungsbürgschaft von 10 % der Auftragssumme plus Abschlagszahlungen müssen nur zu 90 % bezahlt werden); OLG Köln, Urt. v. 22. 7. 2008 – 15 U 229/07; Niebling, BB 1992, 717; zum Kumulationsverbot bei Automatenaufstellverträgen: Bühler, in: AnwK-AGB-R, 2012, G (Stichworte) Rdnr. 293 ff.

132 BGH, Urt. v. 28. 7. 2011 – VII ZR 207/09 (Gewährleistungsbürgschaft)

kehrt können in engem Zusammenhang stehende Klauseln durch ihre Verbindung kompensieren und noch zu billigen sein.[133] Ein günstiger Preis rechtfertigt jedoch niemals eine unwirksame Bedingung.[134]

4.4 Schranken der Inhaltskontrolle

Es gelten hier keine Besonderheiten gegenüber Verbraucherverträgen.[135]

Die Höhe der Provision beim Handelsvertreter ist daher (trotz oder wegen § 87b Abs. 1 HGB) grundsätzlich kontrollfrei.[136] Ebenso Einstandszahlungen für den Erwerb einer Vertretung oder Vertriebsstätte.[137] Anforderungen an die Ausgestaltung von Franchisebetrieben und Änderungsbefugnisse hierzu sind dagegen nicht generell kontrollfrei.[138]

Ebenso können Einstandszahlungen der Inhaltskontrolle unterliegen.[139] Die Vertragsstrafe soll nach dem BGH jedoch nur eingeschränkt zu kontrollieren sein; richtig ist wohl, diese grundsätzlich von der Inhaltskontrolle auszunehmen.[140]

4.5 Rechtsfolgen bei der Verwendung unwirksamer AGB

Der Verwender haftet bei der Verwendung unwirksamer AGB nach den Grundsätzen der **Verletzung von Nebenpflichten cic bzw. pVV,** die Verwen-

133 Niebling, BB 1992, 717; Niebling, in: AnwK-AGB-R, Vor § 307 Rdnr. 55 f.; Grüneberg/Grüneberg, § 307 Rdnr. 14

134 BGHZ 22, 98; 77, 131; OLG Karlsruhe, NJW-RR 1989, 243; Niebling, in: AnwK-AGB-R, Glossar Rdnr. 1350; Fischer, BB 1957, 481, 485: „Die Auffassung, dass rechtlich unbillige Bedingungen mit Rücksicht auf eine Verminderung des Preises anerkannt werden können, kann auf keinen Fall gebilligt werden“; zutreffend auch Jauernig/Stadler § 307 Rdnr. 4; HK-Schulte-Nölke § 307 Rdnr. 14; anders wohl Tettinger, AcP 2005, 28; Caspers, Die den Vertragsschluss begleitenden Umstände i. S. v. § 310 Abs. 3 Nr. 3 BGB, 2011, S. 58

135 Niebling, WM 1992, 845; ders., in: AnwK-AGB-R, § 307 Rdnr. 26 ff. Zum Verbraucherbereich BGH, Urt. v. 6. 7. 2011 – VIII ZR 293/10 (Garantie); BGH, Urt. v. 13. 1. 2011 – III ZR 78/10 (Platzmietpauschale)

136 Ebenso Emde, in: VertriebsR, 2. Aufl. 2012, Vor § 84 Rdnr. 40; Hopt, 35. Aufl. 2012, § 87b Rdnr. 18; anders die einseitige Änderungsbefugnis! Kontrollfähig sind auch Kürzungsklauseln und die Abhängigkeit der Provision von der Gewährung von Preisnachlässen.

137 BGH, Urt. v. 9. 12. 1992 – VIII ZR 23/92

138 Anders Emde, in: VertriebsR, 2. Aufl. 2012, Vor § 84 Rdnr. 40; Übersicht zu den Fragen der Abgrenzung zuletzt Niebling, in: AnwK-AGB-R, 2012, § 307 Rdnr. 7 ff., 30 ff.

139 So für den Bausparvertrag die 1 %: BGH, Urt. v. 7. 12. 2010 – XI ZR 3/10 m. Anm. Niebling, VuR 2011, 93; anders Semler/Gräfe, in: AnwK-AGB-R, Glossar Rdnr. 964 unter Hinweis auf BGH, Urt. v. 9. 12. 1992 – VIII ZR 23/92

140 Niebling, GRUR 2014, 598

dung unwirksamer AGB kann zugleich einen **Wettbewerbsverstoß** darstellen und abgemahnt werden[141]. Auch Dritte können in den Schutzbereich des Vertrages fallen und bei unwirksamen Bedingungen Schadensersatz gegen den Verwender geltend machen[142].

Das **Verhältnis UWG/AGB** wird weiter diskutiert[143]. Grundsätzlich stellt die Verwendung unwirksamer AGB einen Wettbewerbsverstoß dar. Mitbewerber können Ansprüche nach § 8 UWG geltend machen.[144]

5. Typische Klauseln in Vertriebsverträgen

Abnahmeverpflichtungen im Kfz-Vertrieb: Zumeist sind Abnahmeverpflichtungen für Lager-, Vorführwagen und sonstige Vertragswaren schon in den Klauseln zu unbestimmt, als dass sich hieraus konkrete Abnahmepflichten ableiten ließen.[145] Auch pauschale Belieferungsrechte des Herstellers verstoßen gegen § 307 BGB.[146]

Abtretungsverbote: Abtretungsverbote, dass der Versicherungsnehmer nur mit Zustimmung der Versicherung zur Abtretung von Ansprüchen gegen die Versicherung berechtigt ist, sind grundsätzlich zulässig.[147] Die Begründung – die Auseinandersetzung soll auf die Vertragsparteien beschränkt bleiben – wird auf viele andere Bereiche übertragbar sein.

Allerdings ist § 354a HGB zu beachten, von dem (auch in AGB) nicht abgewichen werden kann.

Änderungsvorbehalte: Diese halten einer Inhaltskontrolle nur stand, wenn sie hinreichend präzise sind, an objektive Tatsachen anknüpfen und die Interessen des Vertriebsmittlers angemessen wahren.[148]

141 BGH, Urt. v. 31. 3. 2010 – I ZR 34/08; Niebling, IPRB 2010, 213; Köhler, NJW 2008, 177; OLG Frankfurt v. 4. 7. 2008 – 6 W 54/08.

142 BGH, Urt. v. 21. 7. 2010 – XII ZR 189/08; Niebling, in: AnwK-AGB-R, Vor § 307 Rdnr. 53

143 Tüngler/Ruess, WRP 2009, 1336; auch Wille, GRUR 2009, 470; Niebling, NJ 2011, 89

144 Köhler, NJW 2008, 177; Grüneberg/Bassenge, § 3 UKlaG; Niebling, IPRB 2010; 213; vgl. auch: OLG Hamm, Urt. v. 2. 3. 2010 – 4 U 174/09 und 4 U 180/09

145 Emde, Vor § 84 Rdnr. 42 (Fn. 373); Niebling, WRP 2010, 631; Vogels, in: Praxishandbuch VertriebsR, 2. Aufl. 2011, § 3 Rdnr. 220

146 Emde, Vor § 84 Rdnr. 42 (Fn. 284)

147 BGH, Urt. v. 12. 10. 2011 – IV ZR 163/10, BGH, VersR 1997, 1088

148 Vogels, in: Praxishandbuch VertriebsR, 2. Aufl. 2011, § 3 Rdnr. 85 und Rdnr. 122 ff.; BGH, NJW 2000, 515

Aufrechnungsklauseln: Die Klausel, eine Aufrechnung sei nur mit einer unbestrittenen oder rechtskräftig festgestellten Forderung zulässig, verstößt gegen § 307 BGB.[149]

Ausgestaltung des Kfz-Vertriebs als Franchise: Bisher konnten Kfz-Händlerverträge nicht als Franchiseverträge[150] geregelt werden. Dazu war die Kfz-GVO exklusiv, und Franchiseverträge unterfielen der Schirm-GVO. Mit Wegfall der Kfz-GVO wird dies jedoch möglich sein. An den Laufzeiten[151] der Verträge von bis zu fünf Jahren wird sich jedoch nichts ändern (s. o.).[152]

Ausgleichsanspruch nach oder analog § 89 b HGB: Zumindest ein Verstoß gegen das *Transparenzgebot* liegt vor, wenn die Rechtsstellung des Pächters (mit Tankstellen-Shop) unzutreffend wiedergegeben wird und dies geeignet ist, den Pächter nach Beendigung des Vertrages von der Geltendmachung des Ausgleichsanspruchs nach § 89 b HGB abzuhalten[153]. Der Ausschluss des Ausgleichsanspruchs analog § 89 b HGB im Subordinations-Franchise ist unwirksam.[154] Auch kann die Verjährungsfrist (drei Jahre nach § 195 BGB) formularmäßig nicht unterschritten werden.[155] Bei Händlern im Ausland kann bei Vereinbarung deutschen Rechts der Ausgleichsanspruch nicht ausgeschlossen werden.[156]

Beweislastklauseln: Das Verbot, formularmäßig die Beweislast zu ändern nach § 308 Nr. 12 BGB, gilt grundsätzlich auch bei b2b-Verträgen über § 307 BGB.[157] Auch Klauseln, dass der Zugang eines Telefaxes durch den

149 BGH, Urt. v. 7. 4. 2011 – VII ZR 209/07 (Aufrechnungsklausel), die Begründung passt auch auf den b2b-Bereich, hierzu Niebling, ZMR 2011, 620; Harz, in: Harz/Kääb u. a., Handbuch Miet- und WEG Rechts, 3. Aufl. 2011, Kapitel 15 Rdnr. 16; allgemein Jilg, in: AnwK-AGB-R, Glossar Rdnr. 223 ff.

150 Hierzu Nolte, in: Langen/Bunte, EU KartR 11. Aufl. 2010, Fallgruppen Art 81 Rdnr. 443

151 Zu Laufzeitklauseln: Niebling, MDR 2008, 841 und MDR 2011; zuletzt EuGH vom 2. 4. 2009 – C-260/07 (Tankstellenvertrag); a. A. Emde, in: VertriebsR, 2009, Rdnr. 27 Vor § 84 HGB: 10 Jahre, anders Rdnr. 71 zu § 89; zu weiteren Laufzeitklauseln – Energie: BGH, Urt. v. 12. 2. 2009 – KVR 67/07: BGH, Urt. v. 21. 12. 2011 – VIII ZR 262/09 (Wärmeversorgung – Zehn Jahre unwirksam); BGH, Urt. v. 8. 12. 2011 – VII ZR 111/11 (Mastküken – Zehn Jahre wirksam)

152 Anders, aber ohne sich mit den Fragen auseinanderzusetzen: BGH, Urt. v. 8. 12. 2011 – VII ZR 111/11 (Mastküken-Brüterei), MDR 2012, Heft 3 mit Besprechung Niebling

153 Zu § 89 b HGB beim Tankstellenvertrag: BGH, Urt. v. 4. 4. 2010 – VIII ZR 108/09 und BGH, Urt. v 19. 1. 2011 – VIII ZR 149/09 (Tankstelle und Shop); zum Vertragshändlerrecht zuletzt: BGH, Urt. v. 16. 2. 2011 – VIII ZR 226/07

154 Emde, Vor § 84 Rdnr. 42 (Fn. 280)

155 Für Reduzierung auf ein Jahr dagegen: Emde, Vor § 84 Rdnr. 42 (Fn. 462, 477)

156 Niebling, in: AnwK-AGB-R, Glossar Rdnr. 1802; anders: Semler/Gräfe, in: AnwK-AGB-R, Glossar Rdnr. 1018 ff., 1023

157 BGH, NJW 2006, 47, 49; Grüneberg/Grüneberg, 309 Rdnr. 110

OK-Vermerk nachgewiesen werden könne, weichen von der gesetzlichen Regelung ab, wonach ein OK-Vermerk nur ein Indiz darstellt, nicht aber einen Anscheinsbeweis.[158]

Bürgschaft: Ein formularmäßiger Ausschluss der Anfechtbarkeit nach § 770 BGB ist unwirksam, BGH v. 25.1.2022 – XI ZR 255/20.

CI-Kennzeichnung und deren Änderung: Die Festlegung einer CI für die Vertragsvergabe wird zumeist nicht zu beanstanden sein. Änderungen müssen jedoch die Leistungsfähigkeit des Handels berücksichtigen und verhältnismäßig sein; Klauseln, die eine Änderung der CI jederzeit durch den Hersteller ermöglichen, verstoßen gegen § 307 BGB, denn kraft Gesetzes wird der Händler nur in Ausnahmefällen zu Änderungen verpflichtet sein.

Direkteinkauf: Die Möglichkeiten zum Direkteinkauf von Ersatzteilen sowie die Durchführung von Wartungsarbeiten wie Ölwechsel, die sich auf Garantieansprüche des Kunden nicht negativ auswirken dürfen[159], ist kartellrechtlich erwünscht; für den Teilehandel gibt es daher keinen selektiven Vertrieb mehr. Beschränkende Klauseln sind daher grundsätzlich unzulässig.[160]

Direktgeschäfte des Herstellers sind nur dann wirksam, wenn dem Vertragshändler ein Vertragsgebiet zugewiesen wurde und präzise Ausnahmen für Direktgeschäfte in der Klausel aufgeführt werden.[161] Dies kommt wohl nur bei Handelsvertretern in Betracht. Im Kfz-Vertrieb gibt es jedoch nur noch das einheitliche Vertragsgebiet Europa. Direktgeschäfte des Herstellers sind daher grundsätzlich zulässig.[162]

Einwilligung in die Datenspeicherung: Vorrangig sind hier die Regelungen des Datenschutzrechts zu prüfen; die Übereinstimmung hiermit schließt die Inhaltskontrolle aus. Das nachträgliche Einbeziehen von Teilnahmebedingungen ist jedoch kontrollfähig und im konkreten Fall vom BGH beanstandet worden[163].

Fernwärme: Auch Preisanpassungsklauseln in Fernwärmeverträgen können nach diesen Grundsätzen unwirksam sein[164], soweit diese überhaupt dem AGB-Recht unterliegen.[165]

158 Zuletzt BGH, Urt. v. 21.7.2011 – IX ZR 148/10 m.w.N.

159 Hierzu BGH, DAR 2008, 22 und DAR 2008, 141 jeweils mit Anm. Niebling; allgemein bereits Niebling, DAR 1999, 441

160 Wohl anders Emde, Vor § 84 Rdnr. 42 (Fn. 288)

161 Emde, Vor § 84 Rdnr. 42 (Fn. 505)

162 Emde, Vor § 84 Rdnr. 42 (Fn. 294); BGH, NJW 1994, 1060 betrifft noch das alte Recht

163 BGH, Urt. v. 11.11.2009 – VIII ZR 12/08 – MDR 2010, 133

164 BGH, Urt. v 6.4.2011 – VIII ZR 273/09 und BGH, Urt. v 6.4.2011 – VIII ZR 66/09

165 BGH, Urt. v. 6.7.2011 – VIII ZR 37/2010

Garantie-/Gewährleistungsklauseln: Erneut haben den BGH Garantieklauseln beschäftigt. Wird die Garantie davon abhängig gemacht, dass der Kunde Inspektionsarbeiten durchführen lässt, die Garantie jedoch auch dann ausgeschlossen wird, wenn die Nichtdurchführung der Arbeiten keinen Einfluss auf den Garantiefall hatte, so ist dies unwirksam[166] oder jedenfalls dann unwirksam, wenn die Garantie entgeltlich erworben wird.[167]

Gewährt ein Hersteller jedoch eine weitere Garantie, etwa die Durchrostungsgarantie, so kann die Garantie nach Auffassung des BGH daran geknüpft werden, dass eine regelmäßige Wartung in Vertragswerkstätten erfolgt[168].

Auch Angaben zur Garantie und der Durchführung von Garantiearbeiten dürfen nicht irreführen[169]. Zugleich hat der BGH Garantievereinbarungen für Gebrauchtwagen insoweit beanstandet, als hierin (als Voraussetzung der Ansprüche aus Garantieversprechen) vorgesehen ist, dass regelmäßige Wartungen in der Werkstatt des Verkäufers zu erfolgen haben und nur nach vorheriger Genehmigung hiervon abgesehen werden kann[170]. Ebenfalls ist es nicht möglich, dass der Garantiegeber erst nach Vorlage der Reparaturrechnung zur Zahlung verpflichtet sein soll[171].

Haftung: Zunächst sind hier jeweils die Haftungsbeschränkungen für Individualvereinbarungen zu ermitteln. Insbesondere ist hiernach ein Haftungsausschluss für Vorsatz nicht möglich; § 276 Abs. 3 BGB. Soweit kraft Gesetzes eine Haftung für grobe Fahrlässigkeit besteht und diese in einer Individualvereinbarung ausgeschlossen werden kann, stellt sich die Frage, ob auch in AGB die Haftung ausgeschlossen werden kann. Dies ist zu verneinen: für den Bereich b2c gilt §§ 309 Nr. 7, 8 und für den b2b-Bereich

166 BGH, Urt. v. 17. 10. 2008 – VIII ZR 251/06 – DAR 2008, 20 mit zustimmender Anm. Niebling; Niebling, in: AnwK-AGB-R, Glossar Rdnr. 828; ders., NZV 2011, 521; ders., ZVertriebsR 2014, 161

167 BGH, Urt. v. 6. 7. 2011 – VIII ZR 293/10, gegen diese Differenzierung Niebling, NZV 2011, 521; ders., MDR 2018, 721

168 BGH, Urt. v. 12. 12. 2008 – VIII 187/06 – DAR 2008, 141 mit ablehnender Anm. Niebling.

169 Kein Direktanspruch: OLG Stuttgart, DAR 2008, 478 (m. Anm. Niebling). Niebling: Unangemessene Reparaturgarantieklausel, Anm. zu BGH, Urt. v. 17. 10. 2007 – VIII ZR 251/06 – DAR 2008, 22 ff.; ders., Herstellergarantie, Anm. zu BGH, Urt. v. 12. 12. 2007 – VIII ZR 187/06 – DAR 2008, 141 ff.

170 BGH, Urt. v. 14. 10. 2009 – VIII ZR 354/08 – MDR 2010, 68

171 BGH, Urt. v. 14. 10. 2009 – VIII ZR 354/08. Zum Direktanspruch aus Herstellergarantie: OLG Stuttgart, DAR 2008, 478 m. Anm. Niebling und BGH, Urt. v. 12. 12. 2007 – VIII ZR 187/06 – DAR 2008, 141; v. 17. 10. 2007 – VIII ZR 251/06 – DAR 2008, 22 – jeweils mit Anm. Niebling.

§ 307 BGB.[172] Bei dem formularmäßigen Ausschluss der Haftung für leichte Fahrlässigkeit kommt es in beiden Bereichen darauf an, ob auch eine Verletzung von Kardinalpflichten hierunter fällt oder aus Sicht des Kunden hierunter fallen kann.[173] Im b2b-Bereich sollen jedoch Haftungsbegrenzungen zulässig sein, soweit diese auf den typischerweise zu erwartenden Schaden bei Geschäften dieser Art begrenzt sind.[174] Dem ist nicht zuzustimmen, denn gerade im Bereich der Kardinalpflichten wären Haftungsbeschränkungen jeder Art für den Vertragspartner des Verwenders untragbar, denn sie widersprechen den berechtigten Vertragserwartungen in besonders schwerer Weise und höhlen die vertragswesentlichen Pflichten aus.[175] Die Parteien haben auch hier die Möglichkeit der Individualvereinbarung. Zudem können viele Schäden versichert werden. Weitere Haftungsbeschränkungen der Rechtsprechung im Bereich einer branchentypischen Freizeichnung[176] sind ebenfalls abzulehnen; insbesondere Einschränkungen für leitende Angestellte oder bestimmte Erfüllungsgehilfen, nicht zu haften. Insoweit ist die Rechtsprechung auch wenig einheitlich.[177]

„Handelsvertreter im Nebenberuf“: Die formularmäßige Vereinbarung eines „Handelsvertreters im Nebenberuf“ (für den es keine Ausgleichsansprüche nach § 89b HGB gibt), kann der Verkehrsanschauung und der getroffenen Vereinbarung widersprechen; ein Handelsvertreter, der nach der Verkehrsauffassung hauptberuflich tätig ist, kann nicht durch Parteivereinbarung zum nebenberuflichen Vertreter herabgestuft werden[178]. Dies kann auch im Verbandsverfahren festgestellt werden.

Investitionsersatz: Auch Investitionsersatz ist nun in den Ländern unterschiedlich geregelt: In Österreich haben wir hierzu eine gesetzliche Bestimmung, Deutschland hat eine solche Regelung nicht und die Rechtsprechung ist bekanntlich sehr zurückhaltend. Eine Klausel, die Investitionsersatzansprüche generell ausschließt, muss jedoch als unwirksam angesehen werden.

---

172 BGH, NJW 2007, 3774; Grüneberg/Grüneberg, 309 Rdnr. 55; anders wohl Wolf/Lindacher/Pfeiffer-Dammann § 307 Rdnr. 139

173 BGH, NJW-RR 2006, 267; BGHZ 89, 367; BGH, NJW 1985, 915, PWW-Berger § 309 Rdnr. 47; zu Unrecht kritisch Kessel/Stomps, BB 2009, 2666

174 BGH, NJW 1993, 335; BGH, NJW RR 2006, 267; zustimmend Grüneberg/Grüneberg, § 309 Rdnr. 56

175 Tendenziell ebenso: juris-Lapp/Salamon § 309 Rdnr. 106, 107: Ulmer/Brandner/Hensen-Christensen § 307 Rdnr. 44

176 Grüneberg/Grüneberg, 309 Rdnr. 57

177 BGH, NJW 1986, 1435 einerseits, BGH, NJW-RR 2006, 267; BGHZ 103, 320 und ablehnend hierzu: Grüneberg/Grüneberg, 309 Rdnr. 57

178 So ausdrücklich BGH, Urt. v. 18.4.2007 – VIII ZR 117/06; Emde, Vor § 84 Rdnr. 42 (Fn. 331)

Kündigungsfristen im Kfz-Vertrieb: Die derzeitige Kfz-GVO ist zum 31.5.2010 ausgelaufen.[179] Zu diesem Datum entfiel auch die bisherige Vertikal-GVO (= Schirm-GVO). Diese erfasst grundsätzlich übergreifend alle Arten von Wettbewerbsbeschränkungen in Verträgen zwischen Unternehmen und hatte seit dem 1.1.2000 die GVO über bestimmte Wettbewerbsbeschränkungen in Alleinbezugs-, Alleinvertriebs- und Franchiseverträgen abgelöst.[180] Inzwischen wurde die Schirm- oder Vertikal-GVO – VO 330/2010 – neu gefasst[181]. Die Kfz-GVO regelte bisher die Vertriebsverträge zwischen Hersteller/Importeur und dem Händler. So gab es klare Kündigungsschutzbestimmungen. Zum Beispiel konnten Händlerverträge (grundsätzlich) nur mit einer Frist von zwei Jahren gekündigt werden.

Das neue System ist formal wie folgt gestaltet[182]: Die bisherige Kfz-GVO 1400/2002 wurde zum 31.5.2013 verlängert, gilt aber nur für den Vertrieb von Fahrzeugen, nicht den Teilevertrieb und das Ersatzteilgeschäft; die neue Kfz-GVO bezieht sich nur auf Wartung und Reparatur. Diese gilt ab dem 1.6. 2010; sie setzt in Art. 3 und 4 die Einhaltung der Schirm-GVO (für den Bereich Ersatzteile und Wartung) voraus; ab dem 1.6.2013 gilt die Vertikal GVO neben der (neuen) Kfz-GVO; die bisherige Kfz-GVO entfällt. Der vollständige Wegfall von Händlerschutzbestimmungen[183] in der Kfz-GVO lässt ein unterschiedliches Händlerrecht in Europa entstehen. Jedes Land kann hiernach nach seinen Bestimmungen zur Kontrolle von Geschäftsbedingungen die gleichen Regelungen teilweise beanstanden, teilweise billigen. Beispielsweise Kündigungsfristen: in Deutschland ist eine Kündigungsfrist **von einem Jahr** nach der Rechtsprechung zu erwarten[184]; andere Länder werden eine Frist von sechs Monaten bis zwei Jahre für angemessen halten. Bei **Werkstattverträgen** wendet der BGH die gleichen Grundsätze einer mög-

179 Wesentlicher Inhalt: Zulässigkeit des Mehrmarkenvertriebs, Verbot, an Wiederverkäufer zu verkaufen, Kündigungsfristen von grundsätzlich zwei Jahren; Vogel, in: Loewenheim/Meesen/Riesenkampf, KartR. 2. Aufl. 2009 unter F (S. 803)

180 So wird auch der Inhalt von Franchiseverträgen durch diese GVO bestimmt (keine Vertragsbindung über fünf Jahre hinaus, Regelungen zum selektiven Vertrieb, zum Markenzwang, Alleinvertrieb etc.). Zu den vertikalen Vertriebsformen zuletzt: Nolte, in: Langen/Bunte, EU KartR 11. Aufl. 2010, Fallgruppen Art. 81 Rdnr. 394 und Baron, in: Loewenheim/Meesen/Riesenkampf, KartR. 2. Aufl. 2009 unter B (S. 627)

181 http://ec.europa.eu/competition/sectors/motor-vehicles/documents/evaluation-report-de.pdf. So auch Bechtold u.a., EU-Kartellrecht, 2. Aufl. 2009, Art. 1 GVO 1400/2002 Rdnr. 13; ferner Wendel, BB 2008, 1294; zur neuen Vertikal-GVO etwa Lettl, WRP 2010, 807

182 Niebling, WRP 2010, 1454; Nolte, BB 2013, 1667

183 Emde, in: VertriebsR 2009 Rdnr. 27 Vor § 84 HGB; zur AGB Entwicklung: Niebling, NJ 2010, 491

184 Ebenso Prasse, in: Heidel/Schall, HGB, 2010, Anh. FranchiseR Rdnr. 50

lichen Strukturkündigung (mit Jahresfrist) an wie bei Händlerverträgen; dies ist bedenklich, da nur aus qualitativen Gesichtspunkten der Zutritt zum Netz versagt werden kann und für die Beendigung kein weitergehender Gestaltungsspielraum besteht.[185]

Nachdem auch sonstige Vertragshändlerverträge gesetzlich nicht ausdrücklich geregelt sind, fehlt ein klares Leitbild. In engen Grenzen kann auch hier jedoch auf das Handelsvertreterrecht wie auch die einschlägigen GVOs zurückgegriffen werden.[186] Eine Verlängerung der Schirm-GVO ist wahrscheinlich.

Laufzeit- und Kündigungsklauseln: Im kaufmännischen Verkehr können Laufzeiten über fünf Jahre gegen § 307 BGB verstoßen, denn der Schirm-GVO kommt ein Gerechtigkeitsgehalt nach § 307 BGB zu[187]. Diese GVOs sind auf den kaufmännischen Rechtsverkehr zugeschnitten und beinhalten bei Fragen der Laufzeit die Wertung, dass nur bis zu 5 Jahren (so in der Schirm-GVO) die Freiheit des Wettbewerbs gebunden werden kann[188].

Eine Kündigungsklausel in **Telefonfestnetzverträgen**, wonach die Kündigung zum Schluss eines jeden Werktages zu erfolgen hat und der zuständigen Niederlassung zu übermitteln ist, ist unbedenklich[189]. Der Inhaber eines DSL-Anschlusses hat kein Kündigungsrecht, wenn er an einen Ort umzieht, an dem keine Leitungen verlegt sind, die die Nutzung der DSL-Technik zulassen[190]; auch eine Laufzeitklausel von zwei Jahren ist zulässig.

Eine Laufzeit von zehn Jahren bei einem Mietvertrag von Verbrauchserfassungsgeräten verstößt nicht gegen § 307 BGB[191].

---

185 BGH, Urt. v. 20.10.2010 – VIII ZR 13/09 – WRP 2011, 244 mit Anm. Niebling, S. 248

186 Niebling, in: AnwK-AGB-R, 2012, G (Glossar/Stichworte) Rdnr. 1755

187 Zutreffend Grüneberg/Grüneberg, § 309 Rdnr. 89; offen lassend BGH, NJW 2000, 1110; in der Tendenz anders, jedoch einen Sonderfall betreffend: BGH, Urt. v. 8.12.2011 – VII ZR 111/11 (Mastküken); Erman/Roloff, a. a. O., Vor §§ 307–309, Rdnr. 14, weist zu Recht darauf hin, dass die kartellrechtliche Kontrolle neben der AGB-Kontrolle steht (so etwa auch bei den Kfz-Neuwagenbedingungen: BGH, NJW 2001, 292): für zehn Jahre dagegen: Emde, Vor § 84 Rdnr. 42 (Fn. 479); a. A. Gödde, der Laufzeitklauseln als kontrollfrei sieht (in: Martinek o. Fn. 127 § 52 Rdnr. 42)

188 Ausführlich Niebling, MDR 2008, 841 und MDR 2011, 141 sowie in AnwK-AGB-R, Glossar Rdnr. 1135; zu weiteren Laufzeitklauseln BGH, Urt. v. 12.2.2009 – KVR 67/07: BGH, Urt. v. 21.12.2011 – VIII ZR 262/09 (Wärmeversorgung – Zehn Jahre unwirksam); BGH, Urt. v. 8.12.2011 – VII ZR 111/11 (Mastküken – Zehn Jahre wirksam). Zum Automatenaufstellungsvertrag: BGH, Urt. v. 7.10.2020 – XII ZR 145/19 (5 Jahre kann zu lang sein!).

189 BGH, Urt. v. 12.2.2009 – III ZR 179/08 – MDR 2009, 554.

190 BGH, Urt. v. 11.11.2010 – III ZR 57/10

191 BGH, Urt. v. 19.12.2007 – XII ZR 61/05

Sogar eine 20-jährige Nutzungs- und Verfügungsbeschränkung kann bei einem **Einheimischenmodell** im Grundstückskauf wirksam sein[192]. Der Vertrag mit einer Rabattberechtigung „Fan BahnCard 25" kann jeweils um ein Jahr verlängert werden[193]. Unzulässig sind auch Laufzeitvereinbarungen von zehn Jahren in Wärmeversorgungsverträgen.[194] Je nach Vertragstyp kann dagegen eine zehn jährige Laufzeit zulässig sein.[195]

Kündigungsmöglichkeiten nach § 627 BGB können nicht durch AGB beschränkt werden[196]. Ebensowenig durch § 649 BGB[197].

Bei einem **Kükenmastvertrag** wurde vom VII. Senat des BGH eine zehnjährige Vertrags- und Bezugsbindung gebilligt[198]

Etwas unklar ist der Sachverhalt, dem nicht mit Sicherheit entnommen werden kann, ob ein Franchisevertrag vorliegt. Hierfür spricht, dass die fertigen Produkte mit einem „Qualitätssiegel" und einer gezielten Verkehrsgeltung („5-fachen D") in gleicher Qualität und wohl unter einer Marke auf den Markt kommen sollen.

Für eine Inhaltskontrolle stellt sich die Frage, welche Vertragsbindung wird kraft Gesetzes gelten. Denn die AGB sind mit der kraft Gesetzes bestehenden Rechtslage zu vergleichen.[199] Insoweit kommt der Natur eines solchen Kükenmastvertrages unter generell abstrakter Berücksichtigung seiner wesentlichen Inhalte entscheidende Bedeutung zu. Da das Vertriebsrecht eine solche ausschließliche Bezugsbindung verbunden mit Qualitätskontrolle und Regelungen zum Betrieb als Franchisevertrag qualifizieren würde, greift auch grundsätzlich die Regelung der SchirmGVO (EU 330/2010) ein, aus der die Wertung einer fünfjährigen Laufzeit als Obergrenze entnommen werden kann.[200] Dies gilt unabhängig davon, ob überhaupt ein Verstoß gegen EU-Kartellrecht in Betracht kommt. Denn bei Vertriebsverträgen mit ausschließlichen Bezugsbindungen muss die Laufzeit in einem ausgewogenem Verhältnis zu den Erfordernissen des Wettbewerbs stehen.

192 BGH, Urt. v. 16.4.2010 – V ZR 175/09

193 BGH, Urt. v. 10.4.2010 – Xa ZR 89/09

194 BGH, Urt. v. 21.12.2011 – VIII ZR 262/09; anders bei der Lieferung von Fernwärme, hier gilt: § 32 Abs. 1 AVB FernwärmeV

195 BGH, Urt. v. 8.12.2011 – VII ZR 111/11 (Mastküken)

196 BGH, Urt. v. 11.2.2010 – IX ZR 114/09

197 BGH, Urt. v. 27.1.2011 – VII ZR 133/10: Internetsystemvertrag: hier kam es jedoch auf diese Frage nicht an, da eine Laufzeitklausel (drei Jahre) § 649 BGB nicht ausschließt

198 BGH, Urt. v. 8.12.2011 – VII ZR 111/11 („Brüterei")

199 Niebling, in: AnwK-AGB-R, 2012, § 307 Rdnr. 7 ff.

200 Vgl. Artikel 5

Der Senat neigt wohl dazu, bei Bier[201] und Mineralöl[202] diesen Grundsatz heranzuziehen, mit der Konsequenz, dass hier eine Obergrenze für Formularklauseln bei fünf Jahren festzuschreiben wäre, will jedoch bei dem vorliegenden Vertrag, wegen angenommener Besonderheiten, hiervon abweichen. Doch die Argumente des Senats sind nicht stichhaltig. Ein „eng umgrenzter Markt“, die „Sicherstellung des Absatzes“, „Gewährung von Darlehn“ oder „Zuschüssen“ sprechen eher für einen begrenzten Wettbewerb bei dem Vertrieb von „Geflügelprodukten“. Ein begrenzter Markt ist jedoch erst recht ein Argument für eine notwendige Marktöffnung und mehr Wettbewerb. Auch Gegenleistungen, wie Zinszuschüsse, sind als Preisargument[203] bei der Beurteilung von Klauseln seit 35 Jahren tabu. Es bleibt das Eigeninteresse des Klägers, der Brüterei. Hierzu fehlen jedoch jedwede Feststellungen, ob ein Eigeninteresse generell für fünf oder zehn Jahre besteht. Immerhin wollte ja hier der Kläger vorzeitig beenden. Auch der Aspekt der Qualitätssicherung greift nicht als Argument für eine Laufzeit von zehn Jahren. Bekanntlich dürfen Kfz-Vertragshändlerverträge keine Laufzeit über fünf Jahre aufweisen[204] und hier ist doch die Qualitätssicherung ebenfalls ein zentrales und anerkanntes Thema.

Unverständlich sind zuletzt die Hinweise des Senats auf das Kartellrecht. Nachdem § 1 GWG nicht verletzt sei, könne auch aus den GVOs kein gesetzliches Leitbild für die Beurteilung der Vertragsdauer entnommen werden. Das ist gänzlich verfehlt: Wird das Kartellrecht verletzt, so folgt bereits hieraus die Unzulässigkeit der Vereinbarung. Wird das Kartellrecht (insbesondere Art. 101 AEUV) beachtet, insbesondere auch die maßgeblichen GVOs eingehalten, so befreit dies nicht von der AGB-Inhaltskontrolle, sofern diesen GVOs ein Gerechtigkeitsgehalt zukommt, der für die Natur

201 Niebling, in: AnwK-AGB-R, § 309 Rdnr. 14; Grüneberg/Grüneberg, § 309 Rdnr. 96 und § 307 Rdnr. 78; OLG Frankfurt, NJW-RR1988, 177; anders: Bühler, in: AnwK-AGB-R, Glossar Rdnr. 531 (Bier) sogar über 10 Jahre zulässig, Rdnr. 263 (Automaten)

202 OLG München, Urt. v. 19. 6. 2008 – U (K) 4252/07, der BGH hat die Nichtzulassungsbeschwerde mangels grundsätzlicher Bedeutung zurückgewiesen, Beschl. v. 31. 8. 2010 – VIII ZR 193/08; weitergehend Gräfe, in: AnwK-AGB-R, Glossar Rdnr. 1559 (auch über 10 Jahren u. U. noch wirksam)

203 BGHZ 22, 98; 77, 131; OLG Karlsruhe, NJW-RR 1989, 243; Niebling, in: AnwK-AGB-R, Glossar Rdnr. 1350; Fischer, BB 1957, 481, 485: „Die Auffassung, dass rechtlich unbillige Bedingungen mit Rücksicht auf eine Verminderung des Preises anerkannt werden können, kann auf keinen Fall gebilligt werden“.

204 Niebling, MDR 2011, 1399, 1404, 1405; ders., WRP 2011, 1518, 1519; ders., Vertragshändlerrecht im Automobilvertrieb, 4. Aufl. 2009, Rdnr. 463; Nolte, in: Langen/Bunte, EU-KartellR, 11. Aufl., Art. 81 Fallgruppen Rdnr. 648; EuGH, Urt. v. 2. 4. 2009 – C-260/07 (Tankstellenvertrag)

des Vertrages prägend ist.[205] Leider setzt sich der VII. Senat weder mit der Literatur[206] noch mit der Rechtsprechung[207] zu diesem Thema auseinander. Der VIII. Senat hat eine 10-jährige Laufzeit in **Wärmeversorgungsverträgen** als Verstoß gegen § 307 BGB angesehen[208]; auf dieses Thema geht der VII. Senat leider nicht ein.

Leasing: Schadensersatzansprüche des Leasinggebers (LG) gegen den Leasingnehmer (LN) wegen einer außerordentlichen Kündigung des LG, die vom LN veranlasst war, dürfen nicht zusätzlich die Umsatzsteuer verlangen; Gleiches gilt für den leasingtypischen Ausgleichsanspruch des LG, der auf Ausgleich seines noch nicht amortisierten Gesamtaufwandes zum Zeitpunkt einer ordentlichen Kündigung, einer nicht durch den LN schuldhaft

---

205 Zustimmend Emde, in: VertriebsR 2. Aufl., 2012, Vor § 84 Rdnr. 39; Niebling, WRP 2006, 1334; WRP 2009, 153; WRP 2010, 1454; Niebling, in: AnwK-AGB-R, § 309 Nr. 9 Rdnr. 11 ff.; Köhne, in: AnwK-AGB-R, Glossar Rdnr. 787; Röhricht/Graf v. Westphalen/Giesler, Franchising Rdnr. 76; Martinek/Habermeier, in: Martinek/Semler/Habermeier/Flohr, Handbuch des Vertriebsrechts, 3. Aufl., 2010, § 27 Rdnr. 37 ff. (zum Franchisevertrag); Ekkenga, Die Inhaltskontrolle von Franchiseverträgen S. 186 ff., 195 ff.

206 Zutreffend Grüneberg/Grüneberg, § 309 Rdnr. 96 und § 307 Rdnr. 78; offen lassend BGH, NJW 2000, 1110; Erman/Roloff, 13. Aufl., 2011, Vor § 307–309 Rdnr. 14, weist zu Recht darauf hin, dass die kartellrechtliche Kontrolle neben der AGB-Kontrolle steht (so etwa auch bei den Kfz-Neuwagenbedingungen: BGH, NJW 2001, 292); Niebling, MDR 2011, 141; Niebling, in: AnwK-AGB-R, Glossar Rdnr 1762 und § 309 Nr. 9 Rdnr. 10 ff.; anders Emde, VertriebsR, 2. Aufl., 2011, Vor § 84 Rdnr. 42. „Vertragslaufzeit"; Köhne, in: AnwK-AGB-R, Glossar Rdnr 775 (zulässig u. U. sogar über zehn Jahre); Giesler/Güntzel, in: Handbuch VertriebsR, 2. Aufl., 2011, § 4 Rdnr. 318

207 OLG München, Urt. v. 19. 6. 2008 – U (K) 4252/07, der BGH hat die Nichtzulassungsbeschwerde mangels grundsätzlicher Bedeutung zurückgewiesen, Beschl. v. 31. 8. 2010 – VIII ZR 193/08; Nachweise: Automatenaufstellvertrag: Bühler, in: AnwK-AGB-R, Glossar Rdnr. 263; UBH-Schmidt Teil 2 (3) Rdnr. 3; A (von drei bis zehn Jahren); zum Tankstellenvertrag: BGHZ 143, 104: Obergrenze fünf Jahre

208 BGH, Urt. v. 21. 12. 2011 – VIII ZR 262/09; Abnahme von Öl und Schmierstoffen: fünf Jahre: OLG München, Urt. v. 19. 6. 2008 – U (K) 4252/07, der BGH hat die Nichtzulassungsbeschwerde mangels grundsätzlicher Bedeutung zurückgewiesen, Beschl. v. 31. 8. 2010 – VIII ZR 193/08; sehr umstritten im Franchise: Prasse, in: Heidel/Schall, HGB 2012, Anh. FranchiseR (S. 614 ff.) die Wertungen der Schirm-GVO berücksichtigend (S. 618/Rdnr. 31); UBH-Schmidt Teil 2 (13) Rdnr. 9; bis zehn Jahre, im Grundsatz ebenso Köhne, in: AnwK-AGB-R, Glossar Rdnr 776 ff.; offen lassend BGH, WM 2000, 629; Bierliefervertrag: Pasderski/Scheffels, Praxishandbuch VertriebsR, § 5 Rdnr. 160 (Tendenz fünf Jahre); Bühler, in: AnwK-AGB-R, Glossar Rdnr. 531, 552 (u. U. sogar über zehn Jahre); Erman/Roloff § 307 Rdnr. 94 (bei Darlehn zehn Jahre unter Hinweis auf BGH, NJW 2001, 2331); Niebling, in: AnwK-AGB-R, Glossar Rdnr. 1137 (fünf Jahre); Grüneberg/Grüneberg, § 307 Rdnr. 78 (fünf Jahre); W/L/P-Dammann, B 331 (fünf Jahre)

veranlassten außerordentlichen Kündigung oder einer einvernehmlichen vorzeitigen Beendigung des Leasingvertrages gerichtet ist[209].

Ohne steuerbare Leistung nach § 1 Abs. 1 Nr. 1 USt fällt keine Umsatzsteuer an und kann auch nicht verlangt werden. Zu ergänzen ist Folgendes: Wenn eine Klausel in diesen Fällen vorsieht „zuzüglich USt", so entfällt nicht etwa der Schadensersatz- oder Ausgleichsanspruchanspruch insgesamt, wegen der Teilbarkeit der Formulierung entfällt dann nur der USt-Zusatz.[210] Auch ein Rücktrittsrecht der finanzierenden Leasinggesellschaft, falls die zu implementierende Branchensoftware nicht fristgerecht ordnungsgemäß erstellt sein sollte, ist nach §§ 307 Abs. 1 Satz, 310 Abs. 1 BGB unwirksam. Selbst im unternehmerischen Verkehr müsse ein Lösungsrecht vom Vertrag auf einen sachlich gerechtfertigten Grund abstellen. Wenn aber der LG oder sein Erfüllungsgehilfe die Verzögerung zu vertreten hat, so kann er nicht zum Rücktritt berechtigt sein. Auch die Rücktrittsfolgen könnten nicht wesentlich von der gesetzlichen Regelung abweichen, so dass auch ein Kauf- und Erstattungsangebot im Leasingvertrag unwirksam sei.[211]

Markentreue im Kfz-Vertrieb: Zukünftig grundsätzlich zulässig ist jedoch die Beschränkung für den Händler, nur ein Fabrikat zu führen: Nach Art. 3 der Kfz-GVO in Verbindung mit Art. 5 Abs. 1 Buchst. a der Allgemeinen Vertikal-GVO können ein Kraftfahrzeuganbieter und ein Händler, die nicht mehr als 30 % an dem relevanten Markt halten, eine Vereinbarung mit Markenzwang treffen, die dazu verpflichtet, Kraftfahrzeuge nur von diesem Anbieter oder anderen von diesem Anbieter angegebenen Unternehmen zu beziehen, sofern diese Wettbewerbsverbote nicht länger als fünf Jahre gelten. Dieselben Grundsätze gelten für Vereinbarungen zwischen Anbietern und ihren zugelassenen Werkstätten und/oder Ersatzteilehändlern. Eine Verlängerung über diese fünf Jahre hinaus bedarf der ausdrücklichen Zustimmung beider Seiten, und nichts sollte den Händler daran hindern, das Wettbewerbsverbot nach Ablauf der fünf Jahre tatsächlich auslaufen zu lassen.[212] Die Vorgaben der Kfz GVO schlagen hier auf § 307 BGB durch: Wird die GVO eingehalten, grundsätzlich auch kein Verstoß gegen § 307; wird hiergegen verstoßen – was nicht bedeuten muss, dass zugleich gegen § 101 AEUV verstoßen wird –, besteht grundsätzlich ein Verstoß gegen § 307 BGB.[213]

---

209 BGH, Urt. v. 14. 3. 2007 – VIII ZR 66/06; zur Umsatzsteuer: BGH, Urt. v. 18. 5. 2011 – VIII ZR 260/10

210 Hierüber war vom BGH jedoch nicht zu entscheiden; zum trennbaren Klammerzusatz jedoch wie hier: BGH, Urt. v. 18. 4. 2007 – VIII ZR 117/06 (Tankstelle).

211 BGH, Urt. v. 29. 10. 2008 – VIII ZR 258/07; Übersicht zuletzt: MK-Koch, 6. Aufl., 2012, nach § 513

212 So Kfz-GL vom 28. 5. 2010, 138/20 Rdnr. 26

213 Niebling, in: AnwK-AGB-R, Glossar Rdnr. 1776 ff.

Markenverwendung: Auch Werkstätten sind berechtigt, die Marke der vertriebenen Produkte zu verwenden; Klauseln, die über das Markenrecht hinausgehen, sind i. d. R. unwirksam.[214] Vertragsstrafen für das Nichtentfernen unzulässiger Markenzeichen von 50 Euro/Tag bzw. 2500 Euro sind überzogen.[215] Zudem kann auch nicht eine Vertragsstrafe mit pauschalen Schadensersatz kombiniert werden.[216]

Opt Out/Opt In-Erklärung: Die Einwilligung, Werbung per SMS oder Mail zu erhalten, muss positiv durch Erklärung (Opt in) erklärt werden. Ein Kästchen zum Ankreuzen, wonach die Einwilligung nicht erteilt werden soll, reicht nicht aus[217]. Auch eine sog. „Opt in"-Erklärung hat das OLG Köln beanstandet[218]. Für Verbraucher ist eine ausdrückliche Einverständniserklärung erforderlich[219]; im b2b-Bereich ist dagegen eine mutmaßliche Einwilligung ausreichend[220].

Provisonsanspruch: Eine Klausel, wonach der Provisionsanspruch mit Ende des **Handelsvertreter**-Vertrages enden soll, ist unwirksam[221]. Klauseln, dass Schweigen auf die Zusendung der Provisionsabrechnung als Zustimmung gilt, sind unwirksam.[222] Auch einseitige Änderungsvorbehalte sind i. d. R. zu ungenau und schon damit unwirksam.[223] Verkürzungen der Verjährungsfrist sind nur in engen Grenzen möglich.[224]

Rücknahme von Ersatzteilen bei Vertragsende: Dies kann in Vertragshändler-Verträgen nicht generell ausgeschlossen oder von der Zustimmung des Herstellers abhängig gemacht werden.[225]

Schriftformklauseln: Auch doppelte Schriftformklauseln sind unwirksam, also selbst dann, wenn in AGB vereinbart wurde, dass Änderungen

---

214 EuGH, EuZW 1999, 244; Emde, Vor § 84 Rdnr. 42 (Fn. 291)

215 Emde, Vor § 84 Rdnr. 42 (Fn. 494)

216 BGH, BB 1992, 307; Emde, Vor § 84 Rdnr. 42 (Fn. 495); B/Hopt § 86, Rdnr. 32; Bornhofen, in: AnwK-AGB-R, 2012, Glossar Rdnr. 1837 ff.

217 BGH, Urt. v. 16. 7. 2008 – VIII ZR 348/06; Niebling, in: AnwK-AGB-R, Glossar Rdnr. 741

218 OLG Köln, Urt. v. 29. 4. 2009 – 6 U 218/08 – MDR 2010, 39

219 BGH, Urt. v 10. 2. 2011 – I ZR 164/09

220 Rechtsgedanke aus § 7 Abs. 2 Nr. 2 UWG, vgl. Köhler, in: Köhler/Bornkamm/Feddersen, UWG, § 7 Rdnr. 163

221 BGH, Urt. v. 21. 10. 2009 – VIII ZR 286/07, MDR 2010, 35 (Vermittlung von Telefondienstverträgen)

222 B/Hopt § 87c Rdnr. 29; Emde, Vor § 84 Rdnr. 42 (Fn. 240)

223 Emde, Vor § 84 Rdnr. 42 (Fn. 249 ff. und 397 ff.); Semler/Gräfe, in: AnwK-AGB-R, Glossar Rdnr. 975

224 Semler/Gräfe, in: AnwK-AGB-R, Glossar Rdnr. 997 ff.

225 Niebling, WRP 1454, 1459; Niebling, in: AnwK-AGB-R, Glossar Rdnr. 1785; Emde, Vor § 84 Rdnr. 42 (Fn. 410 und 438)

der Schriftformklausel wiederum nur schriftlich möglich sind[226]. Die Klausel „mündliche Nebenabreden bestehen nicht“ (Vollständigkeitsklausel) ist dagegen im Zusammenhang mit dem konkreten Vertrag zu sehen: BGH v. 3.3.2021 – XII ZR 92/19.

Übertragung der Telefonnummer: Verpflichtungen, die Telefonnummer auf den Nachfolger auch ohne Entschädigung zu übertragen, verstoßen nicht gegen § 307 BGB.[227]

Verbot des Weiterverkaufs von Neufahrzeugen (Graumarktklausel) in Vertragshändlerverträgen: Durch GVO hat die Europäische Kommission die gesetzlichen Grundlagen für den Vertrieb durch **Vertragshändler** (Automobilvertrieb) und im Wege des Franchise geschaffen. Sie sind unmittelbar geltendes Recht und stellen Beschränkungen des Wettbewerbs nach Art. 101 AEUV (bisher: Art. 81 EG), etwa das Verbot des Weiterverkaufs von Neufahrzeugen und Teilen an dem Vertriebsnetz nicht zugehörige Dritte, vom Kartellverbot frei, Art. 101 AEUV (bisher: Art. 81 Abs. 3 EG).[228] Der Automobilhersteller kann also heute mit seinen Händlern vereinbaren, dass diese Neufahrzeuge nur an Endverbraucher und nicht an Wiederverkäufer verkaufen. Dies ist auch in Formularverträgen möglich.

Verbot des Weiterverkaufs von Neuteilen in Vertragshändlerverträgen: Ersatzteile dürfen von jedem Händler an unabhängige Werkstätten verkauft werden; Beschränkungen hierbei sind als „Kernbeschränkungen“, die zum Ausschluss der Rechtsvorteile der GVO führen, unzulässig. Auch Anbieter von Ersatzteilen und Diagnosegeräten dürfen an Händler und freie Werkstätten verkaufen und dürfen insoweit nicht beschränkt werden. Der Anbieter darf auch seine Marke auf dem Teil anbringen und darf insoweit nicht beschränkt werden (so kann leichter beim Anbieter dieses Teils unmittelbar bezogen werden).

226 OLG Rostock, Urt. v. 19.5.2009 – 3 U 16/09 – MDR 2010, 22; BAG, Urt. v. 20.5.2008 – 9 AZR 382/07; Kummer, in: AnwK-AGB-R, 2012, § 305 b Rdnr. 42 ff.; BGHZ 145, 206; Bloching/Ortolf, NJW 2009, 3393

227 OLG Köln, Urt. v. 17.9.2004 – 19 U 171/03

228 „Selektiver Vertrieb“; Für den Kfz-Vertrieb gab es bisher die GVOs 123/85, 1475/95 und die aktuelle 1400/2002; zur Entwicklung und den ersten beiden GVOs: Niebling, Das Recht des Automobilvertriebs 1996; zur aktuellen GVO ders., Vertragshändlerrecht im Automobilvertrieb, 4. Aufl., 2009; Nolte, in: Langen/Bunte, EU KartR 11. Aufl., 2010, Fallgruppen Art 81 Rdnr. 810; Emde, in: VertriebsR Rdnr. 152 Vor § 84 HGB

Neben den kartellrechtlichen Auswirkungen[229] kommen sowohl der Kfz-GVO wie auch der Vertikal-GVO eine Leitbildfunktion zu. Diese Wertungen fließen insbesondere in die Beurteilung nach dem AGB-Recht ein: § 307 Abs. 3 BGB verlangt einen Vergleich der Rechtslagen. Die formularmäßige Vereinbarung ist zu vergleichen mit der Regelung, wie sie ohne eine solche Vereinbarung bestehen würde. Insoweit besitzen die GVOs einen „vergleichbaren Gerechtigkeitsgehalt" für eine Rechtslagendivergenz, sie enthalten Wertungen über die Natur des Händlervertrages und Aussagen zum Vertragszweck und insoweit auch privatrechtliche Schutzbestimmungen.[230]

Auch einer neuen GVO bzw. der geänderten und zeitlich verlängerten Schirm-GVO wird diese Leitbildfunktion weiterhin zukommen.[231]

Vertragsstrafen/Schadenspauschalierung: Ein sechsmonatiges Wettbewerbsverbot mit Vertragsstrafe von 10 000 Euro pro Verstoß in Spediteurbedingungen ist unwirksam[232]. Eine **Schadenspauschalierung** von 10 % des Kaufpreises für die Nichtabnahme des Fahrzeuges (Gebrauchtwagenverkauf durch einen Händler) verstößt nicht gegen § 309 Nr. 5 Buchst. b BGB[233]. Erforderlich ist jedoch, dass dem Kunden der Nachweis nicht abgeschnitten wird, ein Schaden sei überhaupt nicht entstanden oder wesentlich geringer.

Wettbewerbsverstoß und Kündigung: Wird ein vertraglich vereinbarter Wettbewerbsverstoß als wichtiger Grund für eine fristlose Kündigung vereinbart, so steht dies einer Auslegung nicht entgegen, dass geringfügige Umstände unberücksichtigt bleiben oder zumindest eine Abmahnung zu

229 Ab 1. 5. 2004 können aufgrund der VO 1/2003 grundsätzlich keine Einzelfreistellungen mehr beantragt werden; etwa Roniger/Hemetsberger, Kfz-Vertrieb neu, 2003; Becker, in: MüKo zum EU-Kartellrecht 2007, GVO 1400/2002 Rdnr. 5: eine Einzelfreistellung sei „sehr unwahrscheinlich"; Bechtold u. a., EU-Kartellrecht, Vor Art. 1 VO 1/2003 Rdnr. 2: „self-executing" und EG Art. 83 Rdnr. 5: keine Einzelfreistellungen.

230 Veelken, in: Immenga/Mestmäcker (Fn. 6) Rdnr. 22 weist zutreffend auf die „Doppelfunktion des Wettbewerbsrechts" hin: wettbewerbsbezogene Regelungen und auf Individualinteressen bezogene Handlungsfreiheit; eine Kontrolle nach „schärferen" Schutzbestimmungen ist jedoch nicht ausgeschlossen; diese Tendenz hat auch der BGH in der Citroen-Entscheidung verfolgt (BGH, Urt. v. 13. 7. 2004 – GRUR 2005, 62 ff.): Wettbewerbsbeschränkungen seien zugleich nach § 307 BGB unwirksam, als sie den Händlern Beschränkungen auferlegen, die nicht durch die GVO freigestellt seien. Dem ist i. E. zuzustimmen, jedoch führt der Verstoß gegen die GVO nicht ohne Weiteres zur Nichtigkeit der Bestimmung; insoweit ist jede Verletzung aus dem Blickwinkel von § 307 BGB zu beurteilen.

231 In der Tendenz ablehnend aber: BGH, Urt. v. 8. 12. 2011 – VII ZR 111/11 (Mastküken)

232 OLG Thüringen, Urt. v. 26. 11. 2008 – 7 U 329/08.; allgemein: Semler/Gräfe, in: AnwK-AGB-R, Glossar Rdnr. 1015

233 BGH, Urt. v. 14. 4. 2010 – VIII ZR 123/09

erfolgen hat[234]. Nachvertragliche Wettbewerbsverbote sind zudem an § 90a HGB zu messen.[235]

6. Gewohnheiten und Gebräuche bei Vertriebsverträgen?

Die Kriterien lassen sich hierbei nicht aus den Gewohnheiten und Gebräuchen des Handelsverkehrs ableiten; § 310 Abs. 1 Satz 2 2. Halbs. verlangt auch nur hierauf **angemessen Rücksicht** zu nehmen. Damit ist an sich nicht viel gewonnen. Ein ständiger Gebrauch unwirksamer Klauseln vermag diese nicht zu schützen, und Gewohnheiten, die die Interessen einer Seite seit Jahrzehnten zu Lasten der anderen missachten, sind nicht schützenswert.

Richtig ist Folgendes: Wie im b2c-Bereich ist auch im b2b-Bereich die Rechtslage ohne die zu beurteilende Klausel zu ermitteln. Liegt eine Abweichung vor (die eine Inhaltskontrolle erst ermöglicht), so ist zu fragen: Liegt hierin eine einseitige Inanspruchnahme der Vertragsgestaltungsfreiheit, die mit Natur und dem Wesen des Vertrages nicht zu vereinbaren ist? Hiervon ist im Zweifel auszugehen, wenn im b2c-Bereich die §§ 307 und 308 BGB verletzt werden. Aber auch außerhalb dieser „Beispielsfälle" gilt: Lässt sich ein Verstoß feststellen, so bedarf es besonderer sachlicher Gründe, eine im b2c-Bereich unwirksame Klausel im b2b-Bereich zu retten. Hierbei muss das Ziel des Gesetzes, den Rechtsverkehr vor unwirksamen Klauseln freizuhalten und objektive Gebote der materiellen Vertragsgerechtigkeit einzufordern, im Auge behalten werden. Dieses Ziel verdrängt die Erwägung, ein fehlendes Gleichgewicht der Vertragsparteien zu kompensieren.[236] Auf Letzteres kommt es weder im konkreten Vertrag an noch abstrakt; es diente lediglich dazu typische Fallgruppen zu erläutern. Im Gesetz ist es jedoch nicht verankert (sonst müssten auch c2b-Geschäfte gänzlich entfallen).

7. Europäisches Vertragsrecht

Leider ist hierzu noch vieles unausgewogen und in Bewegung. Die Grundsätze aus 2008 der Kommission erscheinen heute wenig ausdifferenziert und

234 BGH, Urt. v. 10.11.2010 – VIII ZR 327/09

235 Emde, Vor § 84 Rdnr. 42 (Fn. 386); OLG München, BB 2002, 2521; vgl. auch OLG München, BB 2012, 220; Semler/Gräfe, in: AnwK-AGB-R, Glossar Rdnr. 1013

236 Auch die Rechtsprechung vor Inkrafttreten des AGB-Gesetzes hat es abgelehnt, auf das wirtschaftliche oder intellektuelle Übergewicht des AGB-Verwenders über den anderen Teil abzustellen: BGH, BB 1976, 1100; v. Westphalen, in: Löwe/v. Westphalen/Trinkner, AGB-Gesetz, 2. Aufl. 2003, § 24 Rdnr. 4; v. Westphalen, NJW 2011, 195 und ZIP 2010, 1110

zudem in vielen Punkten schlicht unrichtig[237]. Derzeit ist wohl damit zu rechnen, dass ein optionales Recht geschaffen wird. Selbst wenn hierin der b2b-Bereich privilegiert würde, muss dies nicht ins Deutsche Recht umgesetzt werden.

Fazit: Der b2b-Bereich und damit auch der Vertriebsvertrag ist keinesfalls ein aliud zum Verbrauchervertrag; insoweit liegt ein gegenseitiges Durchdringen in den Kernpunkten vor. Die Formel des BGH, der Verstoß im b2c-Bereich indiziere auch den Verstoß im b2b-Bereich, zeigt richtig auf, dass es bei der Inhaltskontrolle weniger auf das konkrete oder abstrakte Schutzbedürfnis ankommt, als auf das Ergebnis, den Rechtsverkehr vor einseitigen und unwirksamen Bedingungen freizuhalten. Vertriebsverträge sind b2b-Verträge und besitzen mit Ausnahme des Handelsvertretervertrages keine unmittelbaren gesetzlichen Leitbilder. Daher ist die Natur des Vertrages und der Vertragszweck näher auszuleuchten, wobei auch die Gruppenfreistellungsverordnungen heranzuziehen sind; an diesen gesetzlichen Wertungen sind Vertriebsverträge nach § 307 BGB zu messen.

237 Vom 8.10.2008 Vorschlag VerbraucherRiL 2008/0196 (COD)

VI. Anhang

1. Handelsgesetzbuch (Auszug)

vom 10.5.1897 (RGBl. S.219), zuletzt geändert durch Art. 5 des Gesetzes vom 7.8.2021 (BGBl. I S. 3311).

1. Abschnitt: Kaufleute

§ 1 (Istkaufmann)

(1) Kaufmann im Sinne dieses Gesetzbuchs ist, wer ein Handelsgewerbe betreibt.

(2) Handelsgewerbe ist jeder Gewerbebetrieb, es sei denn, daß das Unternehmen nach Art oder Umfang einen in kaufmännischer Weise eingerichteten Geschäftsbetrieb nicht erfordert.

§ 2 (Kannkaufmann)

Ein gewerbliches Unternehmen, dessen Gewerbebetrieb nicht schon nach § 1 Abs. 2 Handelsgewerbe ist, gilt als Handelsgewerbe im Sinne dieses Gesetzbuchs, wenn die Firma des Unternehmens in das Handelsregister eingetragen ist.

Der Unternehmer ist berechtigt, aber nicht verpflichtet, die Eintragung nach den für die Eintragung kaufmännischer Firmen geltenden Vorschriften herbeizuführen.

Ist die Eintragung erfolgt, so findet eine Löschung der Firma auch auf Antrag des Unternehmers statt, sofern nicht die Voraussetzung des § 1 Abs. 2 eingetreten ist.

§ 3 (Betrieb der Land- und Forstwirtschaft; Kannkaufmann)

(1) Auf den Betrieb der Land- und Forstwirtschaft finden die Vorschriften des § 1 keine Anwendung.

(2) Für ein land- oder forstwirtschaftliches Unternehmen, das nach Art und Umfang einen in kaufmännischer Weise eingerichteten Geschäftsbetrieb erfordert, gilt § 2 mit der Maßgabe, daß nach Eintragung in das Handelsregister eine Löschung der Firma nur nach den allgemeinen Vorschriften stattfindet, welche für die Löschung kaufmännischer Firmen gelten.

(3) Ist mit dem Betrieb der Land- oder Forstwirtschaft ein Unternehmen verbunden, das nur ein Nebengewerbe des land- oder forstwirtschaftlichen Unternehmens darstellt, so finden auf das im Nebengewerbe betriebene Unternehmen die Vorschriften der Absätze 1 und 2 entsprechende Anwendung.

§ 4 *(weggefallen)*

§ 5 Kaufmann kraft Eintragung

Ist eine Firma im Handelsregister eingetragen, so kann gegenüber demjenigen, welcher sich auf die Eintragung beruft, nicht geltend gemacht werden, daß das unter der Firma betriebene Gewerbe kein Handelsgewerbe sei.

7. Abschnitt: Handelsvertreter

§ 84 (Begriff des Handelsvertreters)

1) Handelsvertreter ist, wer als selbständiger Gewerbetreibender ständig damit betraut ist, für einen anderen Unternehmer (Unternehmer) Geschäfte zu vermitteln oder in dessen Namen abzuschließen. Selbständig ist, wer im wesentlichen frei seine Tätigkeit gestalten und seine Arbeitszeit bestimmen kann.

(2) Wer, ohne selbständig im Sinne des Absatzes 1 zu sein, ständig damit betraut ist, für einen Unternehmer Geschäfte zu vermitteln oder in dessen Namen abzuschließen, gilt als Angestellter.

(3) Der Unternehmer kann auch ein Handelsvertreter sein.

(4) Die Vorschriften dieses Abschnittes finden auch Anwendung, wenn das Unternehmen des Handelsvertreters nach Art oder Umfang einen in kaufmännischer Weise eingerichteten Geschäftsbetrieb nicht erfordert.

§ 85 (Vertragsurkunde)

Jeder Teil kann verlangen, daß der Inhalt des Vertrages sowie spätere Vereinbarungen zu dem Vertrag in eine vom anderen Teil unterzeichnete Urkunde aufgenommen werden. Dieser Anspruch kann nicht ausgeschlossen werden.

§ 86 (Pflichten des Handelsvertreters)

(1) Der Handelsvertreter hat sich um die Vermittlung oder den Abschluß von Geschäften zu bemühen; er hat hierbei das Interesse des Unternehmers wahrzunehmen.

(2) Er hat dem Unternehmer die erforderlichen Nachrichten zu geben, namentlich ihm von jeder Geschäftsvermittlung und von jedem Geschäftsabschluß unverzüglich Mitteilung zu machen.

(3) Er hat seine Pflichten mit der Sorgfalt eines ordentlichen Kaufmanns wahrzunehmen.

(4) Von den Absätzen 1 und 2 abweichende Vereinbarungen sind unwirksam.

§ 86 a (Pflichten des Unternehmers)

(1) Der Unternehmer hat dem Handelsvertreter die zur Ausübung seiner Tätigkeit erforderlichen Unterlagen, wie Muster, Zeichnungen, Preislisten, Werbedrucksachen, Geschäftsbedingungen, zur Verfügung zu stellen.

(2) Der Unternehmer hat dem Handelsvertreter die erforderlichen Nachrichten zu geben. Er hat ihm unverzüglich die Annahme oder Ablehnung eines vom Handelsvertreter vermittelten oder ohne Vertretungsmacht abgeschlossenen Geschäfts und die Nichtausführung eines von ihm vermittelten oder abgeschlossenen Geschäfts mitzuteilen. Er hat ihn unverzüglich zu unterrichten, wenn er Geschäfte voraussichtlich nur in erheblich geringerem Umfange abschließen kann oder will, als der Handelsvertreter unter gewöhnlichen Umständen erwarten konnte.

(3) Von den Absätzen 1 und 2 abweichende Vereinbarungen sind unwirksam.

§ 86 b (Delkredereprovision)

(1) Verpflichtet sich ein Handelsvertreter, für die Erfüllung der Verbindlichkeit aus einem Geschäft einzustehen, so kann er eine besondere Vergütung (Delkredereprovision) beanspruchen; der Anspruch kann im voraus nicht ausgeschlossen werden. Die Verpflichtung kann nur für ein bestimmtes Geschäft oder für solche Geschäfte mit bestimmten Dritten übernommen werden, die der Handelsvertreter vermittelt oder abschließt. Die Übernahme bedarf der Schriftform.

(2) Der Anspruch auf die Delkredereprovision entsteht mit dem Abschluß des Geschäfts.

(3) Absatz 1 gilt nicht, wenn der Unternehmer oder der Dritte seine Niederlassung oder beim Fehlen einer solchen seinen Wohnsitz im Ausland hat. Er gilt ferner nicht für Geschäfte, zu deren Abschluß und Ausführung der Handelsvertreter unbeschränkt bevollmächtigt ist.

§ 87 (Provisionsanspruch)

1) Der Handelsvertreter hat Anspruch auf Provision für alle während des Vertragsverhältnisses abgeschlossenen Geschäfte, die auf seine Tätigkeit zurückzuführen sind oder mit Dritten abgeschlossen werden, die er als Kunden für Geschäfte der gleichen Art geworben hat. Ein Anspruch auf Provision besteht für ihn nicht, wenn und soweit die Provision nach Absatz 3 dem ausgeschiedenen Handelsvertreter zusteht.

(2) Ist dem Handelsvertreter ein bestimmter Bezirk oder ein bestimmter Kundenkreis zugewiesen, so hat er Anspruch auf Provision auch für die Geschäfte, die ohne seine Mitwirkung mit Personen seines Bezirkes oder seines Kundenkreises während des Vertragsverhältnisses abgeschlossen sind. Dies gilt nicht, wenn und soweit die Provision nach Absatz 3 dem ausgeschiedenen Handelsvertreter zusteht.

(3) Für ein Geschäft, das erst nach Beendigung des Vertragsverhältnisses abgeschlossen ist, hat der Handelsvertreter Anspruch auf Provision nur, wenn

1. er das Geschäft vermittelt hat oder es eingeleitet und so vorbereitet hat, daß der Abschluß überwiegend auf seine Tätigkeit zurückzuführen ist, und das Geschäft innerhalb einer angemessenen Frist nach Beendigung des Vertragsverhältnisses abgeschlossen worden ist oder
2. vor Beendigung des Vertragsverhältnisses das Angebot des Dritten zum Abschluß eines Geschäfts, für das der Handelsvertreter nach Absatz 1 Satz 1 oder Absatz 2 Satz 1 Anspruch auf Provision hat, dem Handelsvertreter oder dem Unternehmer zugegangen ist.

Der Anspruch auf Provision nach Satz 1 steht dem nachfolgenden Handelsvertreter anteilig zu, wenn wegen besonderer Umstände eine Teilung der Provision der Billigkeit entspricht.

(4) Neben dem Anspruch auf Provision für abgeschlossene Geschäfte hat der Handelsvertreter Anspruch auf Inkassoprovision für die von ihm auftragsgemäß eingezogenen Beträge.

§ 87 a (Fälligkeit des Provisionsanspruchs)

(1) Der Handelsvertreter hat Anspruch auf Provision, sobald und soweit der Unternehmer das Geschäft ausgeführt hat. Eine abweichende Vereinbarung kann getroffen werden, jedoch hat der Handelsvertreter mit der Ausführung des Geschäfts durch den Unternehmer Anspruch auf einen angemessenen Vorschuß, der spätestens am letzten Tag des folgenden Monats fällig ist. Unabhängig von einer Vereinbarung hat jedoch der Handelsvertreter Anspruch auf Provision, sobald und soweit der Dritte das Geschäft ausgeführt hat.

(2) Steht fest, daß der Dritte nicht leistet, so entfällt der Anspruch auf Provision; bereits empfangene Beträge sind zurückzugewähren.

(3) Der Handelsvertreter hat auch dann einen Anspruch auf Provision, wenn feststeht, daß der Unternehmer das Geschäft ganz oder teilweise nicht oder nicht so ausführt, wie es abgeschlossen worden ist. Der Anspruch entfällt im Falle der Nichtausführung, wenn und soweit diese auf Umständen beruht, die vom Unternehmer nicht zu vertreten sind.

(4) Der Anspruch auf Provision wird am letzten Tag des Monats fällig, in dem nach § 87 c Abs. 1 über den Anspruch abzurechnen ist.

(5) Von Absatz 2 erster Halbsatz, Absätzen 3 und 4 abweichende, für den Handelsvertreter nachteilige Vereinbarungen sind unwirksam.

§ 87 b (Höhe der Provision)

(1) Ist die Höhe der Provision nicht bestimmt, so ist der übliche Satz als vereinbart anzusehen.

(2) Die Provision ist von dem Entgelt zu berechnen, das der Dritte oder der Unternehmer zu leisten hat. Nachlässe bei Barzahlung sind nicht abzuziehen; dasselbe gilt für Nebenkosten, namentlich für Fracht, Verpackung, Zoll, Steuern, es sei denn, daß die Nebenkosten dem Dritten besonders in Rechnung gestellt sind. Die Umsatzsteuer, die lediglich auf Grund der steuerrechtlichen Vorschriften in der Rechnung gesondert ausgewiesen ist, gilt nicht als besonders in Rechnung gestellt.

(3) Bei Gebrauchsüberlassungs- und Nutzungsverträgen von bestimmter Dauer ist die Provision vom Entgelt für die Vertragsdauer zu berechnen. Bei unbestimmter Dauer ist die Provision vom Entgelt bis zu dem Zeitpunkt zu berechnen, zu dem erstmals von dem Dritten gekündigt werden kann; der Handelsvertreter hat Anspruch auf weitere entsprechend berechnete Provisionen, wenn der Vertrag fortbesteht.

§ 87 c (Monatliche Abrechnung über die Provision)

(1) Der Unternehmer hat über die Provision, auf die der Handelsvertreter Anspruch hat, monatlich abzurechnen; der Abrechnungszeitraum kann auf höchstens drei Monate erstreckt werden.

Die Abrechnung hat unverzüglich, spätestens bis zum Ende des nächsten Monats, zu erfolgen.

(2) Der Handelsvertreter kann bei der Abrechnung einen Buchauszug über alle Geschäfte verlangen, für die ihm nach § 87 Provision gebührt.

(3) Der Handelsvertreter kann außerdem Mitteilung über alle Umstände verlangen, die für den Provisionsanspruch, seine Fälligkeit und seine Berechnung wesentlich sind.

(4) Wird der Buchauszug verweigert oder bestehen begründete Zweifel an der Richtigkeit oder Vollständigkeit der Abrechnung oder des Buchauszuges, so kann der Handelsvertreter verlangen, daß nach Wahl des Unternehmers entweder ihm oder einem von ihm zu bestimmenden Wirtschaftsprüfer oder vereidigten Buchsachverständigen Einsicht in die Geschäftsbücher oder die sonstigen Urkunden so weit gewährt wird, wie dies zur Feststellung der Richtigkeit oder Vollständigkeit der Abrechnung oder des Buchauszuges erforderlich ist.

(5) Diese Rechte des Handelsvertreters können nicht ausgeschlossen oder beschränkt werden.

§ 87 d (Ersatz von Aufwendungen des Handelsvertreters)

Der Handelsvertreter kann den Ersatz seiner im regelmäßigen Geschäftsbetrieb entstandenen Aufwendungen nur verlangen, wenn dies handelsüblich ist.

§ 88 *(weggefallen)*

§ 88 a (Gesetzliches Zurückbehaltungsrecht)

(1) Der Handelsvertreter kann nicht im voraus auf gesetzliche Zurückbehaltungsrechte verzichten.

(2) Nach Beendigung des Vertragsverhältnisses hat der Handelsvertreter ein nach allgemeinen Vorschriften bestehendes Zurückbehaltungsrecht an ihm zur Verfügung gestellten Unterlagen (§ 86 a Abs. 1) nur wegen seiner fälligen Ansprüche auf Provision und Ersatz von Aufwendungen.

§ 89 (Ordentliche Kündigung des Vertrages)

(1) Ist das Vertragsverhältnis auf unbestimmte Zeit eingegangen, so kann es im ersten Jahr der Vertragsdauer mit einer Frist von einem Monat, im zweiten Jahr mit einer Frist von zwei Monaten und im dritten bis fünften Jahr mit einer Frist von drei Monaten gekündigt werden. Nach einer Vertragsdauer von fünf Jahren kann das Vertragsverhältnis mit einer Frist von sechs Monaten gekündigt werden. Die Kündigung ist nur für den Schluß eines Kalendermonats zulässig, sofern keine abweichende Vereinbarung getroffen ist.

(2) Die Kündigungsfristen nach Absatz 1 Satz 1 und 2 können durch Vereinbarung verlängert werden; die Frist darf für den Unternehmer nicht kürzer sein als für den Handelsvertreter. Bei Vereinbarung einer kürzeren Frist für den Unternehmer gilt die für den Handelsvertreter vereinbarte Frist.

(3) Ein für eine bestimmte Zeit eingegangenes Vertragsverhältnis, das nach Ablauf der vereinbarten Laufzeit von beiden Teilen fortgesetzt wird, gilt als auf unbestimmte Zeit verlängert. Für die Bestimmung der Kündigungsfristen nach Absatz 1 Satz 1 und 2 ist die Gesamtdauer des Vertragsverhältnisses maßgeblich.

§ 89a (Fristlose Kündigung des Vertrages)

(1) Das Vertragsverhältnis kann von jedem Teil aus wichtigem Grunde ohne Einhaltung einer Kündigungsfrist gekündigt werden. Dieses Recht kann nicht ausgeschlossen oder beschränkt werden.

(2) Wird die Kündigung durch ein Verhalten veranlaßt, das der andere Teil zu vertreten hat, so ist dieser zum Ersatz des durch die Aufhebung des Vertragsverhältnisses entstehenden Schadens verpflichtet.

§ 89b (Ausgleichsanspruch des Handelsvertreters)

(1) Der Handelsvertreter kann von dem Unternehmer nach Beendigung des Vertragsverhältnisses einen angemessenen Ausgleich verlangen, wenn und soweit

1. der Unternehmer aus der Geschäftsverbindung mit neuen Kunden, die der Handelsvertreter geworben hat, auch nach Beendigung des Vertragsverhältnisses erhebliche Vorteile hat und
2. die Zahlung eines Ausgleichs unter Berücksichtigung aller Umstände, insbesondere der dem Handelsvertreter aus Geschäften mit diesen Kunden entgehenden Provisionen, der Billigkeit entspricht.

Der Werbung eines neuen Kunden steht es gleich, wenn der Handelsvertreter die Geschäftsverbindung mit einem Kunden so wesentlich erweitert hat, daß dies wirtschaftlich der Werbung eines neuen Kunden entspricht.

(2) Der Ausgleich beträgt höchstens eine nach dem Durchschnitt der letzten fünf Jahre der Tätigkeit des Handelsvertreters berechnete Jahresprovision oder sonstige Jahresvergütung; bei kürzerer Dauer des Vertragsverhältnisses ist der Durchschnitt während der Dauer der Tätigkeit maßgebend.

(3) Der Anspruch besteht nicht, wenn

1. der Handelsvertreter das Vertragsverhältnis gekündigt hat, es sei denn, daß ein Verhalten des Unternehmers hierzu begründeten Anlaß gegeben hat oder dem Handelsvertreter eine Fortsetzung seiner Tätigkeit wegen seines Alters oder wegen Krankheit nicht zugemutet werden kann, oder
2. der Unternehmer das Vertragsverhältnis gekündigt hat und für die Kündigung ein wichtiger Grund wegen schuldhaften Verhaltens des Handelsvertreters vorlag oder
3. auf Grund einer Vereinbarung zwischen dem Unternehmer und dem Handelsvertreter ein Dritter anstelle des Handelsvertreters in das Vertragsverhältnis eintritt; die Vereinbarung kann nicht vor Beendigung des Vertragsverhältnisses getroffen werden.

(4) Der Anspruch kann im voraus nicht ausgeschlossen werden. Er ist innerhalb eines Jahres nach Beendigung des Vertragsverhältnisses geltend zu machen.

(5) Die Absätze 1, 3 und 4 gelten für Versicherungsvertreter mit der Maßgabe, daß an die Stelle der Geschäftsverbindung mit neuen Kunden, die der Handelsvertreter geworben hat, die Vermittlung neuer Versicherungsverträge durch den Versicherungsvertreter tritt und der Vermittlung eines Versicherungsvertrages es gleichsteht, wenn der Versicherungsvertreter einen bestehenden Versicherungsvertrag so wesentlich erweitert hat, daß dies wirtschaftlich der Vermittlung eines neuen Versicherungsvertrages entspricht. Der Ausgleich des Versicherungsvertreters beträgt abweichend von Absatz 2 höchstens drei Jahresprovisionen oder Jahresvergütungen. Die Vorschriften der Sätze 1 und 2 gelten sinngemäß für Bausparkassenvertreter.

§ 90 (Geschäfts- und Betriebsgeheimnis)

Der Handelsvertreter darf Geschäfts- und Betriebsgeheimnisse, die ihm anvertraut oder als solche durch seine Tätigkeit für den Unternehmer bekanntgeworden sind, auch nach Beendigung des Vertragsverhältnisses nicht verwerten oder anderen mitteilen, soweit dies nach den gesamten Umständen der Berufsauffassung eines ordentlichen Kaufmannes widersprechen würde.

§ 90 a (Wettbewerbsabrede)

(1) Eine Vereinbarung, die den Handelsvertreter nach Beendigung des Vertragsverhältnisses in seiner gewerblichen Tätigkeit beschränkt (Wettbewerbsabrede), bedarf der Schriftform und der Aushändigung einer vom Unternehmer unterzeichneten, die vereinbarten Bestimmungen enthaltenden Urkunde an den Handelsvertreter. Die Abrede kann nur für längstens zwei Jahre von der Beendigung des Vertragsverhältnisses an getroffen werden; sie darf sich nur auf den dem Handelsvertreter zugewiesenen Bezirk oder Kundenkreis und nur auf die Gegenstände erstrecken, hinsichtlich deren sich der Handelsvertreter um die Vermittlung oder den Abschluß von Geschäften für den Unternehmer zu bemühen hat. Der Unternehmer ist verpflichtet, dem Handelsvertreter für die Dauer der Wettbewerbsbeschränkung eine angemessene Entschädigung zu zahlen.

(2) Der Unternehmer kann bis zum Ende des Vertragsverhältnisses schriftlich auf die Wettbewerbsbeschränkung mit der Wirkung verzichten, daß er mit dem Ablauf von sechs Monaten seit der Erklärung von der Verpflichtung zur Zahlung der Entschädigung frei wird.

(3) Kündigt ein Teil das Vertragsverhältnis aus wichtigem Grund wegen schuldhaften Verhaltens des anderen Teils, kann er sich durch schriftliche Erklärung binnen einem Monat nach der Kündigung von der Wettbewerbsabrede lossagen.

(4) Abweichende für den Handelsvertreter nachteilige Vereinbarungen können nicht getroffen werden.

§ 91 (Vollmachten des Handelsvertreters)

(1) § 55 gilt auch für einen Handelsvertreter, der zum Abschluß von Geschäften von einem Unternehmer bevollmächtigt ist, der nicht Kaufmann ist.

(2) Ein Handelsvertreter gilt, auch wenn ihm keine Vollmacht zum Abschluß von Geschäften erteilt ist, als ermächtigt, die Anzeige von Mängeln einer Ware, die Erklärung, daß eine Ware zur Verfügung gestellt werde, sowie ähnliche Erklärungen, durch die ein Dritter seine Rechte aus mangelhafter Leistung geltend macht oder sich vorbehält, entgegenzunehmen; er kann die dem Unternehmer zustehenden Rechte auf Sicherung des Beweises geltend machen. Eine Beschränkung dieser Rechte braucht ein Dritter gegen sich nur gelten zu lassen, wenn er sie kannte oder kennen mußte.

§ 91 a (Mangel der Vertretungsmacht, Genehmigungsfiktion)

(1) Hat ein Handelsvertreter, der nur mit der Vermittlung von Geschäften betraut ist, ein Geschäft im Namen des Unternehmers abgeschlossen, und war dem Dritten der Mangel an Vertretungsmacht nicht bekannt, so gilt das Geschäft als von dem Unternehmer genehmigt, wenn dieser nicht unverzüglich, nachdem er von dem Handelsvertreter oder dem Dritten über Abschluß und wesentlichen Inhalt benachrichtigt worden ist, dem Dritten gegenüber das Geschäft ablehnt.

(2) Das gleiche gilt, wenn ein Handelsvertreter, der mit dem Abschluß von Geschäften betraut ist, ein Geschäft im Namen des Unternehmers abgeschlossen hat, zu dessen Abschluß er nicht bevollmächtigt ist.

§ 92 (Versicherungs- und Bausparkassenvertreter)

(1) Versicherungsvertreter ist, wer als Handelsvertreter damit betraut ist, Versicherungsverträge zu vermitteln oder abzuschließen.

(2) Für das Vertragsverhältnis zwischen dem Versicherungsvertreter und dem Versicherer gelten die Vorschriften für das Vertragsverhältnis zwischen dem Handelsvertreter und dem Unternehmer vorbehaltlich der Absätze 3 und 4.

(3) In Abweichung von § 87 Abs. 1 Satz 1 hat ein Versicherungsvertreter Anspruch auf Provision nur für Geschäfte, die auf seine Tätigkeit zurückzuführen sind.

§ 87 Abs. 2 gilt nicht für Versicherungsvertreter.

(4) Der Versicherungsvertreter hat Anspruch auf Provision (§ 87a Abs. 1), sobald der Versicherungsnehmer die Prämie gezahlt hat, aus der sich die Provision nach dem Vertragsverhältnis berechnet.

(5) Die Vorschriften der Absätze 1 bis 4 gelten sinngemäß für Bausparkassenvertreter.

§ 92 a Mindestarbeitsbedingungen

1) Für das Vertragsverhältnis eines Handelsvertreters, der vertraglich nicht für weitere Unternehmer tätig werden darf oder dem dies nach Art und Umfang der von ihm verlangten Tätigkeit nicht möglich ist, kann das Bundesministerium der Justiz im Einvernehmen mit dem Bundesministerium für Wirtschaft und Technologie nach Anhörung von Verbänden der Handelsvertreter und der Unternehmer durch Rechtsverordnung, die nicht der Zustimmung des Bundesrates bedarf, die untere Grenze der vertraglichen Leistungen des Unternehmers festsetzen, um die notwendigen sozialen und wirtschaftlichen Bedürfnisse dieser Handelsvertreter oder einer bestimmten Gruppe von ihnen sicherzustellen. Die festgesetzten Leistungen können vertraglich nicht ausgeschlossen oder beschränkt werden.

(2) Absatz 1 gilt auch für das Vertragsverhältnis eines Versicherungsvertreters, der auf Grund eines Vertrages oder mehrerer Verträge damit betraut ist, Geschäfte für mehrere Versicherer zu vermitteln oder abzuschließen, die zu einem Versicherungskonzern oder zu einer zwischen ihnen bestehenden Organisationsgemeinschaft gehören, sofern die Beendigung des Vertragsverhältnisses mit einem dieser Versicherer im Zweifel auch die Beendigung des Vertragsverhältnisses mit den anderen Versicherern zur Folge haben würde. In diesem Falle kann durch Rechtsverordnung, die nicht der Zustimmung des Bundesrates bedarf, außerdem bestimmt werden, ob die festgesetzten Leistungen von allen Versicherern als Gesamtschuldnern oder anteilig oder nur von einem der Versicherer geschuldet werden und wie der Ausgleich unter ihnen zu erfolgen hat.

§ 92b Handelsvertreter im Nebenberuf

(1) Auf einen Handelsvertreter im Nebenberuf sind §§ 89 und 89b nicht anzuwenden. Ist das Vertragsverhältnis auf unbestimmte Zeit eingegangen, so kann es mit einer Frist von einem Monat für den Schluß eines Kalendermonats gekündigt werden; wird eine andere Kündigungsfrist vereinbart, so muß sie für beide Teile gleich sein. Der Anspruch auf einen angemessenen Vorschuß nach § 87a Abs. 1 Satz 2 kann ausgeschlossen werden.

(2) Auf Absatz 1 kann sich nur der Unternehmer berufen, der den Handelsvertreter ausdrücklich als Handelsvertreter im Nebenberuf mit der Vermittlung oder dem Abschluß von Geschäften betraut hat.

(3) Ob ein Handelsvertreter nur als Handelsvertreter im Nebenberuf tätig ist, bestimmt sich nach der Verkehrsauffassung.

(4) Die Vorschriften der Absätze 1 bis 3 gelten sinngemäß für Versicherungsvertreter und für Bausparkassenvertreter.

§ 92c (Handelsvertreter außerhalb der EU; Schiffahrtsvertreter)

(1) Hat der Handelsvertreter seine Tätigkeit für den Unternehmer nach dem Vertrag nicht innerhalb des Gebietes der Europäischen Gemeinschaft oder der anderen Vertragsstaaten des Abkommens über den Europäischen Wirtschaftsraum auszuüben, so kann hinsichtlich aller Vorschriften dieses Abschnittes etwas anderes vereinbart werden.

(2) Das gleiche gilt, wenn der Handelsvertreter mit der Vermittlung oder dem Abschluß von Geschäften betraut wird, die die Befrachtung, Abfertigung oder Ausrüstung von Schiffen oder die Buchung von Passagen auf Schiffen zum Gegenstand haben.

2. Verordnung (EU) Nr. 330/2010 der Kommission *(sog. „Schirm"-GVO)*

vom 20. April 2010 (ABl. EU v. 23. 4. 2010 Nr. L 102 S. 1)*

über die Anwendung von Artikel 101 Absatz 3 des Vertrags über die Arbeitsweise der Europäischen Union auf Gruppen von vertikalen Vereinbarungen und abgestimmten Verhaltensweisen

DIE EUROPÄISCHE KOMMISSION –

gestützt auf den Vertrag über die Arbeitsweise der Europäischen Union,

gestützt auf die Verordnung Nr. 19/65/EWG des Rates vom 2. März 1965 über die Anwendung von Artikel 85 Absatz 3 des Vertrages auf Gruppen von Vereinbarungen und aufeinander abgestimmten Verhaltensweisen[238], insbesondere auf Artikel 1,

nach Veröffentlichung des Entwurfs dieser Verordnung,

nach Anhörung des Beratenden Ausschusses für Kartell- und Monopolfragen,

in Erwägung nachstehender Gründe:

(1) Nach der Verordnung Nr. 19/65/EWG ist die Kommission ermächtigt, Artikel 101 Absatz 3 des Vertrages über die Arbeitsweise der Europäischen Union[239] durch Verordnung auf Gruppen von vertikalen Vereinbarungen und entsprechenden abgestimmten Verhaltensweisen anzuwenden, die unter Artikel 101 Absatz 1 AEUV fallen.

(2) Verordnung (EG) Nr. 2790/1999 der Kommission vom 22. Dezember 1999 über die Anwendung von Artikel 81 Absatz 3 des Vertrages auf Gruppen von vertikalen Vereinbarungen und aufeinander abgestimmten Verhaltensweisen[240] (2) definiert eine Gruppe von vertikalen Vereinbarungen, die nach Auffassung der Kommission in der Regel die Voraussetzungen des Artikels 101 Absatz 3 AEUV erfüllen. Angesichts der insgesamt positiven Erfahrungen mit der Anwendung der genannten Verordnung, die am 31. Mai 2010 außer Kraft tritt und angesichts der seit ihrem Erlass gesammelten Erfahrungen sollte eine neue Gruppenfreistellungsverordnung erlassen werden.

(3) Die Gruppe von Vereinbarungen, die in der Regel die Voraussetzungen des Artikels 101 Absatz 3 AEUV erfüllen, umfasst vertikale Vereinbarungen über den Bezug oder Verkauf von Waren oder Dienstleistungen, die zwischen nicht miteinander im Wettbewerb stehenden Unternehmen, zwischen bestimmten Wettbewerbern sowie von bestimmten Vereinigungen des Wareneinzelhandels geschlossen werden; diese Gruppe umfasst ferner vertikale Vereinbarungen, die Nebenabreden über die Über-

* Diese Verordnung gilt für bestehende Verträge bis 31. Mai 2023. Für neue Verträge ab 1. Juni 2022 gilt die unter Ziffer 3 abgedruckte Verordnung 2022/720.

238 ABl. 36 vom 6. 3. 1965, S. 533.

239 Mit Wirkung vom 1. Dezember 2009 ist an die Stelle des Artikels 81 EG-Vertrag der Artikel 101 des Vertrags über die Arbeitsweise der Europäischen Union (AEUV) getreten. Artikel 81 EG-Vertrag und Artikel 101 AEUV sind im Wesentlichen identisch. Im Rahmen dieser Verordnung sind Bezugnahmen auf Artikel 101 AEUV als Bezugnahmen auf Artikel 81 EG-Vertrag zu verstehen, wo dies angebracht ist.

240 ABl. L 336 vom 29. 12. 1999, S. 21.

tragung oder Nutzung von Rechten des geistigen Eigentums enthalten. Der Begriff „vertikale Vereinbarungen" sollte entsprechende abgestimmte Verhaltensweisen umfassen.

(4) Für die Anwendung von Artikel 101 Absatz 3 AEUV durch Verordnung ist es nicht erforderlich, die vertikalen Vereinbarungen zu definieren, die unter Artikel 101 Absatz 1 AEUV fallen können. Bei der Prüfung einzelner Vereinbarungen nach Artikel 101 Absatz 1 AEUV sind mehrere Faktoren, insbesondere die Marktstruktur auf der Angebots- und Nachfrageseite, zu berücksichtigen.

(5) Die durch diese Verordnung bewirkte Gruppenfreistellung sollte nur vertikalen Vereinbarungen zugutekommen, von denen mit hinreichender Sicherheit angenommen werden kann, dass sie die Voraussetzungen des Artikels 101 Absatz 3 AEUV erfüllen.

(6) Bestimmte Arten von vertikalen Vereinbarungen können die wirtschaftliche Effizienz innerhalb einer Produktions- oder Vertriebskette erhöhen, weil sie eine bessere Koordinierung zwischen den beteiligten Unternehmen ermöglichen. Insbesondere können sie dazu beitragen, die Transaktions- und Vertriebskosten der beteiligten Unternehmen zu verringern und deren Umsätze und Investitionen zu optimieren.

(7) Die Wahrscheinlichkeit, dass derartige effizienzsteigernde Auswirkungen stärker ins Gewicht fallen als etwaige von Beschränkungen in vertikalen Vereinbarungen ausgehende wettbewerbswidrige Auswirkungen, hängt von der Marktmacht der an der Vereinbarung beteiligten Unternehmen ab und somit von dem Ausmaß, in dem diese Unternehmen dem Wettbewerb anderer Anbieter von Waren oder Dienstleistungen ausgesetzt sind, die von ihren Kunden aufgrund ihrer Produkteigenschaften, ihrer Preise und ihres Verwendungszwecks als austauschbar oder substituierbar angesehen werden.

(8) Solange der auf jedes an der Vereinbarung beteiligten Unternehmen entfallende Anteil am relevanten Markt jeweils 30% nicht überschreitet, kann davon ausgegangen werden, dass vertikale Vereinbarungen, die nicht bestimmte Arten schwerwiegender Wettbewerbsbeschränkungen enthalten, im Allgemeinen zu einer Verbesserung der Produktion oder des Vertriebs und zu einer angemessenen Beteiligung der Verbraucher an dem daraus entstehenden Gewinn führen.

(9) Oberhalb dieser Marktanteilsschwelle von 30% kann nicht davon ausgegangen werden, dass vertikale Vereinbarungen, die unter Artikel 101 Absatz 1 AEUV fallen, immer objektive Vorteile mit sich bringen, die in Art und Umfang ausreichen, um die Nachteile auszugleichen, die sie für den Wettbewerb mit sich bringen. Es kann allerdings auch nicht davon ausgegangen werden, dass diese vertikalen Vereinbarungen entweder unter Artikel 101 Absatz 1 AEUV fallen oder die Voraussetzungen des Artikels 101 Absatz 3 AEUV nicht erfüllen.

(10) Diese Verordnung sollte keine vertikalen Vereinbarungen freistellen, die Beschränkungen enthalten, die wahrscheinlich den Wettbewerb beschränken und den Verbrauchern schaden oder die für die Herbeiführung der effizienzsteigernden Auswirkungen nicht unerlässlich sind; insbesondere vertikale Vereinbarungen, die bestimmte Arten schwerwiegender Wettbewerbsbeschränkungen enthalten, wie die Festsetzung von Mindest- oder Festpreisen für den Weiterverkauf oder bestimmte Arten des Gebietsschutzes, sollten daher ohne Rücksicht auf den Marktanteil der beteiligten Unterneh-

men von dem mit dieser Verordnung gewährten Rechtsvorteil der Gruppenfreistellung ausgeschlossen werden.

(11) Die Gruppenfreistellung sollte an bestimmte Bedingungen geknüpft werden, die den Zugang zum relevanten Markt gewährleisten und Kollusion auf diesem Markt vorbeugen. Zu diesem Zweck sollte die Freistellung von Wettbewerbsverboten auf Verbote mit einer bestimmten Höchstdauer beschränkt werden. Aus demselben Grund sollten alle unmittelbaren oder mittelbaren Verpflichtungen, die die Mitglieder eines selektiven Vertriebssystems veranlassen, die Marken bestimmter konkurrierender Anbieter nicht zu führen, vom Rechtsvorteil dieser Verordnung ausgeschlossen werden.

(12) Durch die Begrenzung des Marktanteils, den Ausschluss bestimmter vertikaler Vereinbarungen von der Gruppenfreistellung und die nach dieser Verordnung zu erfüllenden Voraussetzungen ist in der Regel sichergestellt, dass Vereinbarungen, auf die die Gruppenfreistellung Anwendung findet, den beteiligten Unternehmen keine Möglichkeiten eröffnen, den Wettbewerb für einen wesentlichen Teil der betreffenden Produkte auszuschalten.

(13) Nach Artikel 29 Absatz 1 der Verordnung (EG) Nr. 1/2003 des Rates vom 16. Dezember 2002 zur Durchführung der in den Artikeln 81 und 82 des Vertrags niedergelegten Wettbewerbsregeln[241] (1) kann die Kommission den Rechtsvorteil der Gruppenfreistellung entziehen, wenn sie in einem bestimmten Fall feststellt, dass eine Vereinbarung, für die die Gruppenfreistellung nach dieser Verordnung gilt, dennoch Wirkungen hat, die mit Artikel 101 Absatz 3 AEUV unvereinbar sind.

(14) Die mitgliedstaatlichen Wettbewerbsbehörden können, nach Artikel 29 Absatz 2 der Verordnung (EG) Nr. 1/2003 den aus dieser Verordnung erwachsenden Rechtsvorteil für das Hoheitsgebiet des betreffenden Mitgliedstaats oder einen Teil dieses Hoheitsgebiets entziehen, wenn in einem bestimmten Fall eine Vereinbarung, für die die Gruppenfreistellung nach dieser Verordnung gilt, dennoch im Hoheitsgebiet des betreffenden Mitgliedstaats oder in einem Teil dieses Hoheitsgebiets, das alle Merkmale eines gesonderten räumlichen Marktes aufweist, Wirkungen hat, die mit Artikel 101 Absatz 3 AEUV unvereinbar sind.

(15) Bei der Entscheidung, ob der aus dieser Verordnung erwachsende Rechtsvorteil nach Artikel 29 der Verordnung (EG) Nr. 1/2003 entzogen werden sollte, sind die wettbewerbsbeschränkenden Wirkungen, die sich daraus ergeben, dass der Zugang zu einem relevanten Markt oder der Wettbewerb auf diesem Markt durch gleichartige Auswirkungen paralleler Netze vertikaler Vereinbarungen erheblich eingeschränkt werden, von besonderer Bedeutung. Derartige kumulative Wirkungen können sich etwa aus selektiven Vertriebssystemen oder aus Wettbewerbsverboten ergeben.

(16) Um die Überwachung paralleler Netze vertikaler Vereinbarungen zu verstärken, die gleichartige wettbewerbsbeschränkende Auswirkungen haben und mehr als 50% eines Marktes abdecken, kann die Kommission durch Verordnung erklären, dass diese Verordnung auf vertikale Vereinbarungen, die bestimmte auf den betroffenen Markt bezogene Beschränkungen enthalten, keine Anwendung findet, und dadurch die volle Anwendbarkeit von Artikel 101 AEUV auf diese Vereinbarungen wiederherstellen – DE L 102/2 Amtsblatt der Europäischen Union 23. 4. 2010

241 ABl. L 1 vom 4. 1. 2003, S. 1.

HAT FOLGENDE VERORDNUNG ERLASSEN:

Artikel 1 Begriffsbestimmungen

(1) Für die Zwecke dieser Verordnung gelten folgende Begriffsbestimmungen:

a) „vertikale Vereinbarung" ist eine Vereinbarung oder abgestimmte Verhaltensweise, die zwischen zwei oder mehr Unternehmen, von denen jedes für die Zwecke der Vereinbarung oder der abgestimmten Verhaltensweise auf einer anderen Ebene der Produktions- oder Vertriebskette tätig ist, geschlossen wird und die die Bedingungen betrifft, zu denen die beteiligten Unternehmen Waren oder Dienstleistungen beziehen, verkaufen oder weiterverkaufen dürfen;

b) „vertikale Beschränkung" ist eine Wettbewerbsbeschränkung in einer vertikalen Vereinbarung, die unter Artikel 101 Absatz 1 AEUV fällt;

c) „Wettbewerber" ist ein tatsächlicher oder potenzieller Wettbewerber; ein „tatsächlicher Wettbewerber" ist ein Unternehmen, das auf demselben relevanten Markt tätig ist; ein „potenzieller Wettbewerber" ist ein Unternehmen, bei dem realistisch und nicht nur hypothetisch davon ausgegangen werden kann, dass es ohne die vertikale Vereinbarung als Reaktion auf einen geringen, aber anhaltenden Anstieg der relativen Preise wahrscheinlich innerhalb kurzer Zeit die zusätzlichen Investitionen tätigen oder sonstigen Umstellungskosten auf sich nehmen würde, die erforderlich wären, um in den relevanten Markt einzutreten;

d) „Wettbewerbsverbot" ist eine unmittelbare oder mittelbare Verpflichtung, die den Abnehmer veranlasst, keine Waren oder Dienstleistungen herzustellen, zu beziehen, zu verkaufen oder weiterzuverkaufen, die mit den Vertragswaren oder -dienstleistungen im Wettbewerb stehen, oder eine unmittelbare oder mittelbare Verpflichtung des Abnehmers, auf dem relevanten Markt mehr als 80% seines Gesamtbezugs an Vertragswaren oder -dienstleistungen und ihren Substituten, der anhand des Werts des Bezugs oder, falls in der Branche üblich, anhand des bezogenen Volumens im vorangehenden Kalenderjahr berechnet wird, vom Anbieter oder von einem anderen vom Anbieter benannten Unternehmen zu beziehen;

e) „selektive Vertriebssysteme" sind Vertriebssysteme, in denen sich der Anbieter verpflichtet, die Vertragswaren oder -dienstleistungen unmittelbar oder mittelbar nur an Händler zu verkaufen, die anhand festgelegter Merkmale ausgewählt werden, und in denen sich diese Händler verpflichten, die betreffenden Waren oder Dienstleistungen nicht an Händler zu verkaufen, die innerhalb des vom Anbieter für den Betrieb dieses Systems festgelegten Gebiets nicht zum Vertrieb zugelassen sind;

f) „Rechte des geistigen Eigentums" umfassen unter anderem gewerbliche Schutzrechte, Know-how, Urheberrechte und verwandte Schutzrechte;

g) „Know-how" ist eine Gesamtheit nicht patentgeschützter praktischer Kenntnisse, die der Anbieter durch Erfahrung und Erprobung gewonnen hat und die geheim, wesentlich und identifiziert sind; in diesem Zusammenhang bedeutet „geheim", dass das Know-how nicht allgemein bekannt oder leicht zugänglich ist; „wesentlich" bedeutet, dass das Know-how für den Abnehmer bei der Verwendung, dem Verkauf oder dem Weiterverkauf der Vertragswaren oder -dienstleistungen bedeutsam und nützlich ist; „identifiziert" bedeutet, dass das Know-how so umfassend beschrieben ist, dass überprüft werden kann, ob es die Merkmale „geheim" und „wesentlich" erfüllt;

h) „Abnehmer" ist auch ein Unternehmen, das auf der Grundlage einer unter Artikel 101 Absatz 1 AEUV fallenden Vereinbarung Waren oder Dienstleistungen für Rechnung eines anderen Unternehmens verkauft;

i) „Kunde des Abnehmers" ist ein nicht an der Vereinbarung beteiligtes Unternehmen, das die Vertragswaren oder -dienstleistungen von einem an der Vereinbarung beteiligten Abnehmer bezieht.

(2) Für die Zwecke dieser Verordnung schließen die Begriffe „Unternehmen", „Anbieter" und „Abnehmer" die jeweils mit diesen verbundenen Unternehmen ein.

„Verbundene Unternehmen" sind:

a) Unternehmen, in denen ein an der Vereinbarung beteiligtes Unternehmen unmittelbar oder mittelbar

   i) die Befugnis hat, mehr als die Hälfte der Stimmrechte auszuüben, oder

   ii) die Befugnis hat, mehr als die Hälfte der Mitglieder des Leitungs- oder Aufsichtsorgans oder der zur gesetzlichen Vertretung berufenen Organe zu bestellen, oder

   iii) das Recht hat, die Geschäfte des Unternehmens zu führen;

b) Unternehmen, die in einem an der Vereinbarung beteiligten Unternehmen unmittelbar oder mittelbar die unter Buchstabe a aufgeführten Rechte oder Befugnisse haben (DE 23.4.2010 Amtsblatt der Europäischen Union L 102/3c) Unternehmen, in denen ein unter Buchstabe b genanntes Unternehmen unmittelbar oder mittelbar die unter Buchstabe a aufgeführten Rechte oder Befugnisse hat;

d) Unternehmen, in denen ein an der Vereinbarung beteiligtes Unternehmen gemeinsam mit einem oder mehreren der unter den Buchstaben a, b und c genannten Unternehmen oder in denen zwei oder mehr der zuletzt genannten Unternehmen gemeinsam die unter Buchstabe a aufgeführten Rechte oder Befugnisse haben;

e) Unternehmen, in denen die folgenden Unternehmen gemeinsam die unter Buchstabe a aufgeführten Rechte oder Befugnisse haben:

   i) an der Vereinbarung beteiligte Unternehmen oder mit ihnen jeweils verbundene Unternehmen im Sinne der Buchstaben a bis d, oder

   ii) eines oder mehrere der an der Vereinbarung beteiligten Unternehmen oder eines oder mehrere der mit ihnen verbundenen Unternehmen im Sinne der Buchstaben a bis d und ein oder mehrere dritte Unternehmen.

Artikel 2 Freistellung

(1) Nach Artikel 101 Absatz 3 AEUV und nach Maßgabe dieser Verordnung gilt Artikel 101 Absatz 1 AEUV nicht für vertikale Vereinbarungen.

Diese Freistellung gilt, soweit solche Vereinbarungen vertikale Beschränkungen enthalten.

(2) Die Freistellung nach Absatz 1 gilt nur dann für vertikale Vereinbarungen zwischen einer Unternehmensvereinigung und ihren Mitgliedern oder zwischen einer solchen Vereinigung und ihren Anbietern, wenn alle Mitglieder der Vereinigung Wareneinzelhändler sind und wenn keines ihrer Mitglieder zusammen mit seinen verbundenen Unternehmen einen jährlichen Gesamtumsatz von mehr als 50 Mio. EUR erwirtschaftet. Vertikale Vereinbarungen solcher Vereinigungen werden von dieser Verordnung unbeschadet

der Anwendbarkeit von Artikel 101 AEUV auf horizontale Vereinbarungen zwischen den Mitgliedern einer solchen Vereinigung sowie auf Beschlüsse der Vereinigung erfasst.

(3) Die Freistellung nach Absatz 1 gilt für vertikale Vereinbarungen, die Bestimmungen enthalten, die die Übertragung von Rechten des geistigen Eigentums auf den Abnehmer oder die Nutzung solcher Rechte durch den Abnehmer betreffen, sofern diese Bestimmungen nicht Hauptgegenstand der Vereinbarung sind und sofern sie sich unmittelbar auf die Nutzung, den Verkauf oder den Weiterverkauf von Waren oder Dienstleistungen durch den Abnehmer oder seine Kunden beziehen. Die Freistellung gilt unter der Voraussetzung, dass diese Bestimmungen für die Vertragswaren oder -dienstleistungen keine Wettbewerbsbeschränkungen enthalten, die denselben Zweck verfolgen wie vertikale Beschränkungen, die durch diese Verordnung nicht freigestellt sind.

(4) Die Freistellung nach Absatz 1 gilt nicht für vertikale Vereinbarungen zwischen Wettbewerbern. Sie findet jedoch Anwendung, wenn Wettbewerber eine nicht gegenseitige vertikale Vereinbarung treffen und

a) der Anbieter zugleich Hersteller und Händler von Waren ist, der Abnehmer dagegen Händler, jedoch kein Wettbewerber auf der Herstellungsebene; oder

b) der Anbieter ein auf mehreren Handelsstufen tätiger Dienstleister ist, der Abnehmer dagegen Waren oder Dienstleistungen auf der Einzelhandelsstufe anbietet und auf der Handelsstufe, auf der er die Vertragsdienstleistungen bezieht, kein Wettbewerber ist.

(5) Diese Verordnung gilt nicht für vertikale Vereinbarungen, deren Gegenstand in den Geltungsbereich einer anderen Gruppenfreistellungsverordnung fällt, es sei denn, dies ist in einer solchen Verordnung vorgesehen.

Artikel 3 Marktanteilsschwelle

(1) Die Freistellung nach Artikel 2 gilt nur, wenn der Anteil des Anbieters an dem relevanten Markt, auf dem er die Vertragswaren oder -dienstleistungen anbietet, und der Anteil des Abnehmers an dem relevanten Markt, auf dem er die Vertragswaren oder -dienstleistungen bezieht, jeweils nicht mehr als 30 % beträgt.

(2) Bezieht ein Unternehmen im Rahmen einer Mehrparteienvereinbarung die Vertragswaren oder -dienstleistungen von einer Vertragspartei und verkauft es sie anschließend an eine andere Vertragspartei, so gilt die Freistellung nach Artikel 2 nur, wenn es die Voraussetzungen des Absatzes 1 als Abnehmer wie auch als Anbieter erfüllt.

Artikel 4 Beschränkungen, die zum Ausschluss des Rechtsvorteils der Gruppenfreistellung führen – Kernbeschränkungen

Die Freistellung nach Artikel 2 gilt nicht für vertikale Vereinbarungen, die unmittelbar oder mittelbar, für sich allein oder in Verbindung mit anderen Umständen unter der Kontrolle der Vertragsparteien Folgendes bezwecken:

a) Die Beschränkung der Möglichkeit des Abnehmers, seinen Verkaufspreis selbst festzusetzen; dies gilt unbeschadet der Möglichkeit des Anbieters, Höchstverkaufspreise festzusetzen oder Preisempfehlungen auszusprechen, sofern sich diese nicht infolge der Ausübung von Druck oder der Gewährung von Anreizen durch eines der beteiligten Unternehmen tatsächlich wie Fest- oder Mindestverkaufspreise auswirken;

b) die Beschränkung des Gebiets oder der Kundengruppe, in das oder an die ein an der Vereinbarung beteiligter Abnehmer, vorbehaltlich einer etwaigen Beschränkung in Bezug auf den Ort seiner Niederlassung, Vertragswaren oder -dienstleistungen verkaufen darf, mit Ausnahme
   i) der Beschränkung des aktiven Verkaufs in Gebiete oder an Kundengruppen, die der Anbieter sich selbst vorbehalten oder ausschließlich einem anderen Abnehmer zugewiesen hat, sofern dadurch der Verkauf durch die Kunden des Abnehmers nicht beschränkt wird,
   ii) der Beschränkung des Verkaufs an Endverbraucher durch Abnehmer, die auf der Großhandelsstufe tätig sind,
   iii) der Beschränkung des Verkaufs an nicht zugelassene Händler durch die Mitglieder eines selektiven Vertriebssystems innerhalb des vom Anbieter für den Betrieb dieses Systems festgelegten Gebiets,
   iv) der Beschränkung der Möglichkeit des Abnehmers, Teile, die zur Weiterverwendung geliefert werden, an Kunden zu verkaufen, die diese Teile für die Herstellung derselben Art von Waren verwenden würden, wie sie der Anbieter herstellt;

c) die Beschränkung des aktiven oder passiven Verkaufs an Endverbraucher durch auf der Einzelhandelsstufe tätige Mitglieder eines selektiven Vertriebssystems; dies gilt unbeschadet der Möglichkeit, Mitgliedern des Systems zu untersagen, Geschäfte von nicht zugelassenen Niederlassungen aus zu betreiben;

d) die Beschränkung von Querlieferungen zwischen Händlern innerhalb eines selektiven Vertriebssystems, auch wenn diese auf verschiedenen Handelsstufen tätig sind;

e) die zwischen einem Anbieter von Teilen und einem Abnehmer, der diese Teile weiterverwendet, vereinbarte Beschränkung der Möglichkeit des Anbieters, die Teile als Ersatzteile an Endverbraucher oder an Reparaturbetriebe oder andere Dienstleister zu verkaufen, die der Abnehmer nicht mit der Reparatur oder Wartung seiner Waren betraut hat.

Artikel 5 Nicht freigestellte Beschränkungen

(1) Die Freistellung nach Artikel 2 gilt nicht für die folgenden, in vertikalen Vereinbarungen enthaltenen Verpflichtungen:
   a) unmittelbare oder mittelbare Wettbewerbsverbote, die für eine unbestimmte Dauer oder für eine Dauer von mehr als fünf Jahren vereinbart werden;
   b) unmittelbare oder mittelbare Verpflichtungen, die den Abnehmer veranlassen, Waren oder Dienstleistungen nach Beendigung der Vereinbarung nicht herzustellen, zu beziehen, zu verkaufen oder weiterzuverkaufen;
   c) unmittelbare oder mittelbare Verpflichtungen, die die Mitglieder eines selektiven Vertriebsystems veranlassen, Marken bestimmter konkurrierender Anbieter nicht zu verkaufen.

   Für die Zwecke des Unterabsatzes 1 Buchstabe a gelten Wettbewerbsverbote, deren Dauer sich über den Zeitraum von fünf Jahren hinaus stillschweigend verlängert, als für eine unbestimmte Dauer vereinbart.

(2) Abweichend von Absatz 1 Buchstabe a gilt die Begrenzung auf fünf Jahre nicht, wenn die Vertragswaren oder -dienstleistungen vom Abnehmer in Räumlichkeiten und auf

Grundstücken verkauft werden, die im Eigentum des Anbieters stehen oder von diesem von nicht mit dem Abnehmer verbundenen Dritten gemietet oder gepachtet worden sind und das Wettbewerbsverbot nicht über den Zeitraum hinausreicht, in dem der Abnehmer diese Räumlichkeiten und Grundstücke nutzt.

(3) In Abweichung von Absatz 1 Buchstabe b gilt die Freistellung nach Artikel 2 für unmittelbare oder mittelbare Verpflichtungen, die den Abnehmer veranlassen, Waren oder Dienstleistungen nach Beendigung der Vereinbarung nicht herzustellen, zu beziehen, zu verkaufen oder weiterzuverkaufen, wenn die folgenden Bedingungen erfüllt sind:

a) die Verpflichtungen beziehen sich auf Waren oder Dienstleistungen, die mit den Vertragswaren oder -dienstleistungen im Wettbewerb stehen;

b) die Verpflichtungen beschränken sich auf Räumlichkeiten und Grundstücke, von denen aus der Abnehmer während der Vertragslaufzeit seine Geschäfte betrieben hat;

c) die Verpflichtungen sind unerlässlich, um dem Abnehmer vom Anbieter übertragenes Know-how zu schützen;

d) die Dauer der Verpflichtungen ist auf höchstens ein Jahr nach Beendigung der Vereinbarung begrenzt.

Absatz 1 Buchstabe b gilt unbeschadet der Möglichkeit, Nutzung und Offenlegung von nicht allgemein zugänglichem Know-how unbefristeten Beschränkungen zu unterwerfen.

Artikel 6 Nichtanwendung dieser Verordnung

Nach Artikel 1a der Verordnung Nr. 19/65/EWG kann die Kommission durch Verordnung erklären, dass in Fällen, in denen mehr als 50% des relevanten Marktes von parallelen Netzen gleichartiger vertikaler Beschränkungen abgedeckt werden, die vorliegende Verordnung auf vertikale Vereinbarungen, die bestimmte Beschränkungen des Wettbewerbs auf diesem Markt enthalten, keine Anwendung findet.

Artikel 7 Anwendung der Marktanteilsschwelle

Für die Anwendung der Marktanteilsschwellen im Sinne des Artikels 3 gelten folgende Vorschriften:

a) Der Marktanteil des Anbieters wird anhand des Absatzwerts und der Marktanteil des Abnehmers anhand des Bezugswerts berechnet. Liegen keine Angaben über den Absatz- bzw. Bezugswert vor, so können zur Ermittlung des Marktanteils des betreffenden Unternehmens Schätzungen vorgenommen werden, die auf anderen verlässlichen Marktdaten unter Einschluss der Absatz- und Bezugsmengen beruhen;

b) Die Marktanteile werden anhand der Angaben für das vorangegangene Kalenderjahr ermittelt;

c) Der Marktanteil des Anbieters schließt Waren oder Dienstleistungen ein, die zum Zweck des Verkaufs an vertikal integrierte Händler geliefert werden;

d) Beträgt ein Marktanteil ursprünglich nicht mehr als 30% und überschreitet er anschließend diese Schwelle, jedoch nicht 35%, so gilt die Freistellung nach Artikel 2 im Anschluss an das Jahr, in dem die Schwelle von 30% erstmals überschritten wurde, noch für zwei weitere Kalenderjahre;

e) Beträgt ein Marktanteil ursprünglich nicht mehr als 30% und überschreitet er anschließend 35%, so gilt die Freistellung nach Artikel 2 im Anschluss an das Jahr, in dem die Schwelle von 35% erstmals überschritten wurde, noch für ein weiteres Kalenderjahr;

f) Die unter den Buchstaben d und e genannten Rechtsvorteile dürfen nicht in der Weise miteinander verbunden werden, dass ein Zeitraum von zwei Kalenderjahren überschritten wird;

g) Der Marktanteil der in Artikel 1 Absatz 2 Unterabsatz 2 Buchstabe e genannten Unternehmen wird zu gleichen Teilen jedem Unternehmen zugerechnet, das die in Artikel 1 Absatz 2 Unterabsatz 2 Buchstabe a aufgeführten Rechte oder Befugnisse hat.

Artikel 8 Anwendung der Umsatzschwelle

(1) Für die Berechnung des jährlichen Gesamtumsatzes im Sinne des Artikels 2 Absatz 2 sind die Umsätze zu addieren, die das jeweilige an der vertikalen Vereinbarung beteiligte Unternehmen und die mit ihm verbundenen Unternehmen im letzten Geschäftsjahr mit allen Waren und Dienstleistungen ohne Steuern und sonstige Abgaben erzielt haben. Dabei werden Umsätze zwischen dem an der vertikalen Vereinbarung beteiligten Unternehmen und den mit ihm verbundenen Unternehmen oder zwischen den mit ihm verbundenen Unternehmen nicht mitgerechnet.

(2) Die Freistellung nach Artikel 2 bleibt bestehen, wenn der jährliche Gesamtumsatz im Zeitraum von zwei aufeinanderfolgenden Geschäftsjahren die Schwelle um nicht mehr als 10% überschreitet.

Artikel 9 Übergangszeitraum

Das Verbot nach Artikel 101 Absatz 1 AEUV gilt in der Zeit vom 1. Juni 2010 bis zum 31. Mai 2011 nicht für bereits am 31. Mai 2010 in Kraft befindliche Vereinbarungen, die zwar die Freistellungskriterien dieser Verordnung nicht erfüllen, aber am 31. Mai 2010 die Freistellungskriterien der Verordnung (EG) Nr. 2790/1999 erfüllt haben.

Artikel 10 Geltungsdauer

Diese Verordnung tritt am 1. Juni 2010 in Kraft.

Sie gilt bis zum 31. Mai 2022.

Diese Verordnung ist in allen ihren Teilen verbindlich und gilt unmittelbar in jedem Mitgliedstaat.

Das Kfz-Gewerbe und der Kfz-Teilehandel sind so weiterhin die einzigen Branchen, für die es eine sektorspezifische Gruppenfreistellungsverordnung existiert.

In den ergänzenden Leitlinien der Kfz-GVO sind laut EU-Kommission noch begrenzte gezielte Änderungen vorzunehmen, die derzeit noch nicht abschließend feststehen.

Hierzu:

https://ec.europa.eu/competition-policy/public-consultations/2018-vber_en

3. Verordnung (EU) 2022/720 der Kommission *(sog. „Schirm"-GVO, 2022)*

vom 10. Mai 2022 (ABl. EU v. 11.5.2022 Nr. L 134 S. 4)

über die Anwendung des Artikels 101 Absatz 3 des Vertrags über die Arbeitsweise der Europäischen Union auf Gruppen von vertikalen Vereinbarungen und abgestimmten Verhaltensweisen

(Text von Bedeutung für den EWR)

DIE EUROPÄISCHE KOMMISSION –

gestützt auf den Vertrag über die Arbeitsweise der Europäischen Union,

gestützt auf die Verordnung Nr. 19/65/EWG des Rates vom 2. März 1965 über die Anwendung von Artikel 85 Absatz 3 des Vertrages auf Gruppen von Vereinbarungen und aufeinander abgestimmten Verhaltensweisen,[242] insbesondere auf Artikel 1,

nach Veröffentlichung des Entwurfs dieser Verordnung,[243]

nach Anhörung des Beratenden Ausschusses für Kartell- und Monopolfragen,

in Erwägung nachstehender Gründe:

(1) Nach der Verordnung Nr. 19/65/EWG ist die Kommission ermächtigt, Artikel 101 Absatz 3 des Vertrags über die Arbeitsweise der Europäischen Union (im Folgenden „AEUV") durch Verordnung auf bestimmte Gruppen von vertikalen Vereinbarungen und entsprechenden abgestimmten Verhaltensweisen anzuwenden, die unter Artikel 101 Absatz 1 AEUV fallen.

(2) In der Verordnung (EU) Nr. 330/2010 der Kommission[244] ist eine Gruppe von vertikalen Vereinbarungen beschrieben, bei der die Kommission davon ausging, dass die Voraussetzungen des Artikels 101 Absatz 3 AEUV in der Regel erfüllt waren. Die Erfahrungen mit der Anwendung der Verordnung (EU) Nr. 330/2010, deren Geltungsdauer am 31. Mai 2022 endet, waren, wie in der Evaluierung der Verordnung festgestellt, insgesamt positiv. In Anbetracht dieser Erfahrungen sowie neuer Marktentwicklungen wie des stark wachsenden elektronischen Handels und neuer oder an Bedeutung gewinnender Arten vertikaler Vereinbarungen ist es angezeigt, eine neue Gruppenfreistellungsverordnung zu erlassen.

(3) Die Gruppe von Vereinbarungen, die in der Regel die Voraussetzungen des Artikels 101 Absatz 3 AEUV erfüllen, umfasst vertikale Vereinbarungen über den Bezug oder Verkauf von Waren oder Dienstleistungen, die zwischen nicht miteinander im Wettbewerb stehenden Unternehmen, zwischen bestimmten Wettbewerbern oder von bestimmten Vereinigungen des Wareneinzelhandels geschlossen werden. Diese

242 ABl. 36 vom 6.3.1965.

243 ABl. C 359 vom 7.9.2021, S. 1.

244 Verordnung (EU) Nr. 330/2010 der Kommission vom 20. April 2010 über die Anwendung von Artikel 101 Absatz 3 des Vertrags über die Arbeitsweise der Europäischen Union auf Gruppen von vertikalen Vereinbarungen und abgestimmten Verhaltensweisen (ABl. L 102 vom 23.4.2010, S. 1).

Gruppe umfasst ferner vertikale Vereinbarungen, die Nebenabreden über die Übertragung oder Nutzung von Rechten des geistigen Eigentums enthalten. Der Begriff „vertikale Vereinbarungen" sollte so verstanden werden, dass er auch entsprechende abgestimmte Verhaltensweisen einschließt.

(4) Für die Anwendung des Artikels 101 Absatz 3 AEUV durch Verordnung ist es nicht erforderlich, die vertikalen Vereinbarungen zu definieren, die unter Artikel 101 Absatz 1 AEUV fallen können. Bei der Prüfung einzelner Vereinbarungen nach Artikel 101 Absatz 1 AEUV sind mehrere Faktoren, insbesondere die Marktstruktur auf der Angebots- und Nachfrageseite, zu berücksichtigen.

(5) Die durch diese Verordnung bewirkte Gruppenfreistellung sollte nur vertikalen Vereinbarungen zugutekommen, bei denen mit hinreichender Sicherheit anzunehmen ist, dass sie die Voraussetzungen des Artikels 101 Absatz 3 AEUV erfüllen.

(6) Bestimmte Arten von vertikalen Vereinbarungen können die wirtschaftliche Effizienz innerhalb einer Produktions- oder Vertriebskette erhöhen, indem sie eine bessere Koordinierung zwischen den beteiligten Unternehmen ermöglichen. Insbesondere können sie dazu beitragen, die Transaktions- und Vertriebskosten der beteiligten Unternehmen zu verringern und deren Verkäufe und Investitionen zu optimieren.

(7) Die Wahrscheinlichkeit, dass derartige effizienzsteigernde Auswirkungen stärker ins Gewicht fallen als etwaige von Beschränkungen in vertikalen Vereinbarungen ausgehende wettbewerbswidrige Auswirkungen, hängt von der Marktmacht der an der Vereinbarung beteiligten Unternehmen ab und insbesondere von dem Maß, in dem diese Unternehmen dem Wettbewerb anderer Anbieter von Waren oder Dienstleistungen ausgesetzt sind, die von ihren Kunden aufgrund der Eigenschaften, der Preise und des Verwendungszwecks der Produkte als austauschbar oder substituierbar angesehen werden.

(8) Solange der auf jedes an der Vereinbarung beteiligte Unternehmen entfallende Anteil am relevanten Markt 30 % nicht übersteigt, kann davon ausgegangen werden, dass vertikale Vereinbarungen, die nicht bestimmte Arten schwerwiegender Wettbewerbsbeschränkungen enthalten, im Allgemeinen zu einer Verbesserung der Produktion oder des Vertriebs und zu einer angemessenen Beteiligung der Verbraucher an dem daraus entstehenden Gewinn führen.

(9) Oberhalb dieser Marktanteilsschwelle von 30 % kann nicht davon ausgegangen werden, dass vertikale Vereinbarungen, die unter Artikel 101 Absatz 1 AEUV fallen, stets objektive Vorteile mit sich bringen, die in Art und Umfang ausreichen, um die Nachteile für den Wettbewerb auszugleichen. Es kann allerdings auch nicht davon ausgegangen werden, dass diese vertikalen Vereinbarungen entweder unter Artikel 101 Absatz 1 AEUV fallen oder die Voraussetzungen des Artikels 101 Absatz 3 AEUV nicht erfüllen.

(10) Die Online-Plattformwirtschaft spielt eine immer wichtigere Rolle im Vertrieb von Waren und Dienstleistungen. In der Online-Plattformwirtschaft tätige Unternehmen ermöglichen neue Geschäftsmodelle, die anhand der mit vertikalen Beziehungen in der traditionellen Wirtschaft verbundenen Konzepte nicht immer einfach zu kategorisieren sind. Insbesondere Online-Vermittlungsdienste ermöglichen es Unternehmen, anderen Unternehmen oder Endverbrauchern Waren oder Dienstleistungen anzubieten, indem sie die Einleitung direkter Transaktionen zwischen Unternehmen oder zwi-

schen Unternehmen und Endverbrauchern vermitteln. Vereinbarungen über die Bereitstellung von Online-Vermittlungsdiensten sind vertikale Vereinbarungen und sollten daher unter die Gruppenfreistellung auf der Grundlage dieser Verordnung fallen können, sofern die in dieser Verordnung festgelegten Voraussetzungen erfüllt sind.

(11) Die in der Verordnung (EU) 2019/1150 des Europäischen Parlaments und des Rates[245] verwendete Begriffsbestimmung von Online-Vermittlungsdiensten sollte für die Zwecke dieser Verordnung angepasst werden. Insbesondere um dem Anwendungsbereich des Artikels 101 AEUV Rechnung zu tragen, sollte sich die in dieser Verordnung verwendete Begriffsbestimmung auf Unternehmen beziehen. Sie sollte sowohl Online-Vermittlungsdienste umfassen, die die Einleitung direkter Transaktionen zwischen Unternehmen vermitteln, als auch Online-Vermittlungsdienste, die die Einleitung direkter Transaktionen zwischen Unternehmen und Endverbrauchern vermitteln.

(12) Im Falle des zweigleisigen Vertriebs verkauft ein Anbieter Waren oder Dienstleistungen nicht nur auf der vorgelagerten, sondern auch auf der nachgelagerten Stufe und steht somit mit seinen unabhängigen Händlern im Wettbewerb. Falls keine Kernbeschränkungen vorliegen und der Abnehmer nicht auf der vorgelagerten Stufe mit dem Anbieter im Wettbewerb steht, sind bei diesem Szenario die potenziellen negativen Auswirkungen der vertikalen Vereinbarung auf die Wettbewerbsbeziehungen zwischen dem Anbieter und dem Abnehmer auf der nachgelagerten Stufe weniger bedeutend als die potenziellen positiven Auswirkungen der vertikalen Vereinbarung auf den Wettbewerb im Allgemeinen auf der vor- oder der nachgelagerten Stufe. Daher sollten vertikale Vereinbarungen, die in solchen Szenarios des zweigleisigen Vertriebs geschlossen werden, durch diese Verordnung freigestellt werden.

(13) Der Informationsaustausch zwischen einem Anbieter und einem Abnehmer kann zu den wettbewerbsfördernden Auswirkungen vertikaler Vereinbarungen beitragen, insbesondere zur Optimierung der Produktions- und Vertriebsprozesse. Im Falle des zweigleisigen Vertriebs kann der Austausch bestimmter Arten von Informationen jedoch horizontale Bedenken aufwerfen. Aus diesem Grund sollte mit dieser Verordnung nur der Informationsaustausch zwischen einem Anbieter und einem Abnehmer in einem Szenario des zweigleisigen Vertriebs freigestellt werden, in dem die ausgetauschten Informationen einen direkten Bezug zur Umsetzung der vertikalen Vereinbarung haben und zur Verbesserung der Herstellung oder des Vertriebs der Vertragswaren oder -dienstleistungen erforderlich sind.

(14) Die Begründung für die Freistellung vertikaler Vereinbarungen bei zweigleisigem Vertrieb gilt nicht für vertikale Vereinbarungen über die Bereitstellung von Online-Vermittlungsdiensten, bei denen der Anbieter der Online-Vermittlungsdienste auch ein Wettbewerber auf dem relevanten Markt für den Verkauf der vermittelten Waren oder Dienstleistungen ist. Anbieter von Online-Vermittlungsdiensten mit einer solchen Hybridstellung können die Fähigkeit und den Anreiz haben, das Ergebnis des Wettbewerbs auf dem relevanten Markt für den Verkauf der vermittelten Waren oder

245 Verordnung (EU) 2019/1150 des Europäischen Parlaments und des Rates vom 20. Juni 2019 zur Förderung von Fairness und Transparenz für gewerbliche Nutzer von Online-Vermittlungsdiensten (ABl. L 186 vom 11.7.2019, S. 57).

Dienstleistungen zu beeinflussen. Daher sollten solche vertikalen Vereinbarungen durch diese Verordnung nicht freigestellt werden.

(15) Diese Verordnung sollte keine vertikalen Vereinbarungen freistellen, die Beschränkungen enthalten, die wahrscheinlich den Wettbewerb beschränken und den Verbrauchern schaden oder die für die Herbeiführung der effizienzsteigernden Auswirkungen nicht unerlässlich sind. Insbesondere sollte die Gruppenfreistellung nach dieser Verordnung nicht für vertikale Vereinbarungen gelten, die bestimmte Arten schwerwiegender Wettbewerbsbeschränkungen enthalten, wie Mindest- und Festpreise für den Weiterverkauf und bestimmte Arten des Gebietsschutzes einschließlich der Verhinderung der wirksamen Nutzung des Internets für den Verkauf oder bestimmter Beschränkungen der Online-Werbung. Dementsprechend sollten Beschränkungen des Online-Verkaufs und der Online-Werbung unter die Gruppenfreistellung nach dieser Verordnung fallen, wenn sie nicht unmittelbar oder mittelbar, für sich allein oder in Verbindung mit anderen Umständen unter der Kontrolle der beteiligten Unternehmen darauf abzielen, die wirksame Nutzung des Internets durch den Abnehmer oder dessen Kunden zum Verkauf der Vertragswaren oder -dienstleistungen in bestimmte Gebiete oder an bestimmte Kundengruppen zu verhindern oder die Nutzung eines ganzen Online-Werbekanals wie Preisvergleichsdienste oder Suchmaschinenwerbung zu verhindern. Beispielsweise sollten Beschränkungen des Online-Verkaufs nicht unter die Gruppenfreistellung nach dieser Verordnung fallen, wenn ihr Ziel darin besteht, das Gesamtvolumen des Online-Verkaufs der Vertragswaren oder -dienstleistungen auf dem betreffenden Markt oder die Möglichkeit für Verbraucher, die Vertragswaren oder -dienstleistungen online zu kaufen, erheblich zu verringern. Bei der Einstufung einer Beschränkung als Kernbeschränkung im Sinne des Artikels 4 Buchstabe e können Inhalt und Kontext der Beschränkung berücksichtigt werden, sie sollte jedoch nicht von den marktspezifischen Umständen oder den individuellen Eigenschaften der beteiligten Unternehmen abhängen.

(16) Durch diese Verordnung sollten keine Beschränkungen freigestellt werden, bei denen nicht mit hinreichender Sicherheit davon ausgegangen werden kann, dass sie die Voraussetzungen des Artikels 101 Absatz 3 AEUV erfüllen. Die Gruppenfreistellung sollte insbesondere an bestimmte Voraussetzungen geknüpft werden, die den Zugang zum relevanten Markt gewährleisten und Kollusion auf diesem Markt vorbeugen. Zu diesem Zweck sollte die Freistellung von Wettbewerbsverboten auf Verbote mit einer Höchstdauer von fünf Jahren beschränkt werden. Ferner sollten Verpflichtungen, die die Mitglieder eines selektiven Vertriebssystems veranlassen, die Marken bestimmter konkurrierender Anbieter nicht zu verkaufen, vom Rechtsvorteil dieser Verordnung ausgeschlossen werden. Der Rechtsvorteil dieser Verordnung sollte nicht für Paritätsverpflichtungen gelten, die Abnehmer von Online-Vermittlungsdiensten veranlassen, Endverbrauchern Waren oder Dienstleistungen nicht über konkurrierende Online-Vermittlungsdienste zu günstigeren Bedingungen anzubieten, zu verkaufen oder weiterzuverkaufen.

(17) Durch die Begrenzung des Marktanteils, den Ausschluss bestimmter vertikaler Vereinbarungen von der Gruppenfreistellung und die in dieser Verordnung festgelegten Voraussetzungen ist in der Regel sichergestellt, dass Vereinbarungen, auf die die Gruppenfreistellung Anwendung findet, die beteiligten Unternehmen nicht in die Lage versetzen, den Wettbewerb in Bezug auf einen wesentlichen Teil der betreffenden Waren oder Dienstleistungen auszuschalten.

(18) Nach Artikel 29 Absatz 1 der Verordnung (EG) Nr. 1/2003 des Rates[246] kann die Kommission den Rechtsvorteil der vorliegenden Verordnung entziehen, wenn sie in einem bestimmten Fall feststellt, dass eine Vereinbarung, für die die Gruppenfreistellung nach dieser Verordnung gilt, dennoch Wirkungen hat, die mit Artikel 101 Absatz 3 AEUV unvereinbar sind. Die Wettbewerbsbehörde eines Mitgliedstaats kann den aus dieser Verordnung erwachsenden Rechtsvorteil entziehen, wenn die Voraussetzungen nach Artikel 29 Absatz 2 der Verordnung (EG) Nr. 1/2003 erfüllt sind.

(19) Entzieht die Kommission oder eine mitgliedstaatliche Wettbewerbsbehörde den Rechtsvorteil der vorliegenden Verordnung, so trägt sie die Beweislast dafür, dass die betreffende vertikale Vereinbarung in den Anwendungsbereich des Artikels 101 Absatz 1 AEUV fällt und dass diese Vereinbarung mindestens eine der vier Voraussetzungen des Artikels 101 Absatz 3 AEUV nicht erfüllt.

(20) Bei der Entscheidung, ob der Rechtsvorteil der vorliegenden Verordnung nach Artikel 29 der Verordnung (EG) Nr. 1/2003 entzogen werden sollte, sind die wettbewerbswidrigen Auswirkungen, die sich daraus ergeben, dass der Zugang zu einem relevanten Markt oder der Wettbewerb auf diesem Markt durch gleichartige Auswirkungen paralleler Netze vertikaler Vereinbarungen erheblich eingeschränkt werden, von besonderer Bedeutung. Derartige kumulative Auswirkungen können sich insbesondere aus Alleinvertriebssystemen, Alleinbelieferungsvereinbarungen, selektiven Vertriebssystemen, Paritätsverpflichtungen oder Wettbewerbsverboten ergeben.

(21) Um die Überwachung paralleler Netze vertikaler Vereinbarungen, die gleichartige wettbewerbswidrige Auswirkungen haben und mehr als 50 % eines Marktes abdecken, zu verbessern, kann die Kommission durch Verordnung erklären, dass die vorliegende Verordnung auf vertikale Vereinbarungen, die bestimmte auf den betroffenen Markt bezogene Beschränkungen enthalten, keine Anwendung findet, und dadurch die volle Anwendbarkeit des Artikels 101 AEUV auf diese Vereinbarungen wiederherstellen —

HAT FOLGENDE VERORDNUNG ERLASSEN:

Artikel 1 Begriffsbestimmungen

(1) Für die Zwecke dieser Verordnung gelten folgende Begriffsbestimmungen:

a) „vertikale Vereinbarung" ist eine Vereinbarung oder abgestimmte Verhaltensweise zwischen zwei oder mehr Unternehmen, die für die Zwecke der Vereinbarung oder der abgestimmten Verhaltensweise jeweils auf einer anderen Stufe der Produktions- oder Vertriebskette tätig sind und die die Bedingungen betrifft, zu denen die beteiligten Unternehmen Waren oder Dienstleistungen beziehen, verkaufen oder weiterverkaufen dürfen;

b) „vertikale Beschränkung" ist eine Wettbewerbsbeschränkung in einer vertikalen Vereinbarung, die unter Artikel 101 Absatz 1 AEUV fällt;

246 Verordnung (EG) Nr. 1/2003 des Rates vom 16. Dezember 2002 zur Durchführung der in den Artikeln 81 und 82 des Vertrags niedergelegten Wettbewerbsregeln (ABl. L 1 vom 4.1.2003, S. 1).

c) „Wettbewerber" ist ein tatsächlicher oder potenzieller Wettbewerber; „tatsächlicher Wettbewerber" ist ein Unternehmen, das auf demselben relevanten Markt tätig ist; „potenzieller Wettbewerber" ist ein Unternehmen, bei dem realistisch und nicht nur hypothetisch davon ausgegangen werden kann, dass es ohne die vertikale Vereinbarung wahrscheinlich innerhalb kurzer Zeit die zusätzlichen Investitionen tätigen oder andere Kosten auf sich nehmen würde, die erforderlich wären, um in den relevanten Markt einzutreten;

d) „Anbieter" ist auch ein Unternehmen, das Online-Vermittlungsdienste erbringt;

e) „Online-Vermittlungsdienste" sind Dienste der Informationsgesellschaft im Sinne des Artikels 1 Absatz 1 Buchstabe b der Richtlinie (EU) 2015/1535 des Europäischen Parlaments und des Rates,[247] die es Unternehmen ermöglichen, Waren oder Dienstleistungen anzubieten,

   i) indem sie die Einleitung direkter Transaktionen mit anderen Unternehmen vermitteln oder

   ii) indem sie die Einleitung direkter Transaktionen zwischen diesen Unternehmen und Endverbrauchern vermitteln,

   unabhängig davon, ob und wo die Transaktionen letztlich abgeschlossen werden;

f) „Wettbewerbsverbot" ist eine unmittelbare oder mittelbare Verpflichtung, die den Abnehmer veranlasst, keine Waren oder Dienstleistungen herzustellen, zu beziehen, zu verkaufen oder weiterzuverkaufen, die mit den Vertragswaren oder -dienstleistungen im Wettbewerb stehen, oder eine unmittelbare oder mittelbare Verpflichtung des Abnehmers, auf dem relevanten Markt mehr als 80 % seines Gesamtbezugs an Vertragswaren oder -dienstleistungen und ihren Substituten, der anhand des Werts des Bezugs oder, falls in der Branche üblich, am bezogenen Volumen im vorangehenden Kalenderjahr berechnet wird, vom Anbieter oder von einem anderen vom Anbieter benannten Unternehmen zu beziehen;

g) „selektive Vertriebssysteme" sind Vertriebssysteme, in denen sich der Anbieter verpflichtet, die Vertragswaren oder -dienstleistungen unmittelbar oder mittelbar nur an Händler zu verkaufen, die anhand festgelegter Merkmale ausgewählt werden, und in denen sich diese Händler verpflichten, die betreffenden Waren oder Dienstleistungen nicht an Händler zu verkaufen, die innerhalb des vom Anbieter für den Betrieb dieses Systems festgelegten Gebiets nicht zum Vertrieb zugelassen sind;

h) „Alleinvertriebssysteme" sind Vertriebssysteme, in denen der Anbieter ein Gebiet oder eine Kundengruppe sich selbst oder höchstens fünf Abnehmern exklusiv zuweist und allen anderen Abnehmern Beschränkungen in Bezug auf den aktiven Verkauf in das exklusiv zugewiesene Gebiet oder an die exklusiv zugewiesene Kundengruppe auferlegt;

i) „Rechte des geistigen Eigentums" umfassen unter anderem gewerbliche Schutzrechte, Know-how, Urheberrechte und verwandte Schutzrechte;

247 Richtlinie (EU) 2015/1535 des Europäischen Parlaments und des Rates vom 9. September 2015 über ein Informationsverfahren auf dem Gebiet der technischen Vorschriften und der Vorschriften für die Dienste der Informationsgesellschaft (ABl. L 241 vom 17.9.2015, S. 1).

j) „Know-how" ist eine Gesamtheit nicht patentgeschützter praktischer Kenntnisse, die der Anbieter durch Erfahrung und Erprobung gewonnen hat und die geheim, wesentlich und identifiziert sind; in diesem Zusammenhang bedeutet „geheim", dass das Know-how nicht allgemein bekannt oder leicht zugänglich ist; „wesentlich" bedeutet, dass das Know-how für den Abnehmer bei der Verwendung, dem Verkauf oder dem Weiterverkauf der Vertragswaren oder -dienstleistungen bedeutsam und nützlich ist; „identifiziert" bedeutet, dass das Know-how so umfassend beschrieben ist, dass überprüft werden kann, ob die Merkmale „geheim" und „wesentlich" erfüllt sind;

k) „Abnehmer" ist auch ein Unternehmen, das auf der Grundlage einer unter Artikel 101 Absatz 1 AEUV fallenden Vereinbarung Waren oder Dienstleistungen für Rechnung eines anderen Unternehmens verkauft;

l) „aktiver Verkauf" ist die gezielte Ansprache von Kunden durch Besuche, Schreiben, E-Mails, Anrufe oder sonstige Formen der direkten Kommunikation oder durch gezielte Werbung und Absatzförderung, offline oder online, beispielsweise durch Printmedien oder digitale Medien, einschließlich Online-Medien, Preisvergleichsdiensten oder Suchmaschinenwerbung, die auf Kunden in bestimmten Gebieten oder aus bestimmten Kundengruppen ausgerichtet sind, durch den Betrieb einer Website mit einer Top-Level-Domain, die bestimmten Gebieten entspricht, oder durch das Angebot von in bestimmten Gebieten üblichen Sprachoptionen auf einer Website, sofern diese Sprachen sich von denen unterscheiden, die in dem Gebiet, in dem der Abnehmer niedergelassen ist, üblicherweise verwendet werden;

m) „passiver Verkauf" ist ein auf unaufgeforderte Anfragen einzelner Kunden zurückgehender Verkauf, einschließlich der Lieferung von Waren an oder der Erbringung von Dienstleistungen für solche Kunden, der nicht durch gezielte Ansprache der betreffenden Kunden, Kundengruppen oder Kunden in den betreffenden Gebieten ausgelöst wurde und den Verkauf infolge der Teilnahme an öffentlichen Vergabeverfahren oder privaten Aufforderungen zur Interessensbekundung einschließt.

(2) Für die Zwecke dieser Verordnung schließen die Begriffe „Unternehmen", „Anbieter" und „Abnehmer" die jeweils mit diesen verbundenen Unternehmen ein.

„Verbundene Unternehmen" sind:

a) Unternehmen, in denen ein an der Vereinbarung beteiligtes Unternehmen unmittelbar oder mittelbar

   i) die Befugnis hat, mehr als die Hälfte der Stimmrechte auszuüben, oder

   ii) die Befugnis hat, mehr als die Hälfte der Mitglieder des Leitungs- oder Aufsichtsorgans oder der zur gesetzlichen Vertretung berufenen Organe zu bestellen, oder

   iii) das Recht hat, die Geschäfte des Unternehmens zu führen, oder

b) Unternehmen, die in einem an der Vereinbarung beteiligten Unternehmen unmittelbar oder mittelbar die unter Buchstabe a aufgeführten Rechte oder Befugnisse haben, oder

c) Unternehmen, in denen ein unter Buchstabe b genanntes Unternehmen unmittelbar oder mittelbar die unter Buchstabe a aufgeführten Rechte oder Befugnisse hat, oder

d) Unternehmen, in denen ein an der Vereinbarung beteiligtes Unternehmen gemeinsam mit einem oder mehreren der unter den Buchstaben a, b und c genannten Unternehmen oder in denen zwei oder mehr der zuletzt genannten Unternehmen gemeinsam die unter Buchstabe a aufgeführten Rechte oder Befugnisse haben, oder

e) Unternehmen, in denen die folgenden Unternehmen gemeinsam die unter Buchstabe a aufgeführten Rechte oder Befugnisse haben:

   i) an der Vereinbarung beteiligte Unternehmen oder mit ihnen jeweils verbundene Unternehmen im Sinne der Buchstaben a bis d, oder

   ii) eines oder mehrere der an der Vereinbarung beteiligten Unternehmen oder eines oder mehrere der mit ihnen verbundenen Unternehmen im Sinne der Buchstaben a bis d und ein oder mehrere dritte Unternehmen.

Artikel 2 Freistellung

(1) Nach Artikel 101 Absatz 3 AEUV und nach Maßgabe dieser Verordnung gilt Artikel 101 Absatz 1 AEUV nicht für vertikale Vereinbarungen. Diese Freistellung gilt, soweit solche Vereinbarungen vertikale Beschränkungen enthalten.

(2) Die Freistellung nach Absatz 1 gilt nur dann für vertikale Vereinbarungen zwischen einer Unternehmensvereinigung und einem ihrer Mitglieder oder zwischen einer solchen Vereinigung und einem einzelnen Anbieter, wenn alle Mitglieder der Vereinigung Wareneinzelhändler sind und wenn keines ihrer Mitglieder zusammen mit seinen verbundenen Unternehmen einen jährlichen Gesamtumsatz von mehr als 50 Mio. EUR erwirtschaftet. Vertikale Vereinbarungen solcher Vereinigungen werden von dieser Verordnung unbeschadet der Anwendbarkeit des Artikels 101 AEUV auf horizontale Vereinbarungen zwischen den Mitgliedern einer solchen Vereinigung sowie auf Beschlüsse der Vereinigung erfasst.

(3) Die Freistellung nach Absatz 1 gilt für vertikale Vereinbarungen, die Bestimmungen enthalten, die die Übertragung von Rechten des geistigen Eigentums an den Abnehmer oder die Nutzung solcher Rechte durch den Abnehmer betreffen, sofern diese Bestimmungen nicht Hauptgegenstand der Vereinbarung sind und sofern sie sich unmittelbar auf die Nutzung, den Verkauf oder den Weiterverkauf von Waren oder Dienstleistungen durch den Abnehmer oder seine Kunden beziehen. Die Freistellung gilt unter der Voraussetzung, dass diese Bestimmungen für die Vertragswaren oder -dienstleistungen keine Wettbewerbsbeschränkungen enthalten, die denselben Zweck verfolgen wie vertikale Beschränkungen, die durch diese Verordnung nicht freigestellt sind.

(4) Die Freistellung nach Absatz 1 gilt nicht für vertikale Vereinbarungen zwischen Wettbewerbern. Diese Freistellung gilt jedoch für zwischen konkurrierenden Unternehmen geschlossene, nicht wechselseitige vertikale Vereinbarungen, wenn

a) der Anbieter auf der vorgelagerten Stufe als Hersteller, Importeur oder Großhändler und zugleich auf der nachgelagerten Stufe als Importeur, Großhändler oder Einzelhändler von Waren tätig ist, während der Abnehmer ein auf der nachgelagerten Stufe tätiger Importeur, Großhändler oder Einzelhändler, jedoch kein Wettbewerber auf der vorgelagerten Stufe ist, auf der er die Vertragswaren bezieht, oder

b) der Anbieter ein auf mehreren Handelsstufen tätiger Dienstleister ist, der Abnehmer demgegenüber Dienstleistungen auf der Einzelhandelsstufe anbietet und auf der Handelsstufe, auf der er die Vertragsdienstleistungen bezieht, kein Wettbewerber ist.

(5) Die Ausnahmen nach Absatz 4 Buchstaben a und b gelten nicht für den Informationsaustausch zwischen Anbietern und Abnehmern, der entweder nicht direkt die Umsetzung der vertikalen Vereinbarung betrifft oder nicht zur Verbesserung der Produktion oder des Vertriebs der Vertragswaren oder -dienstleistungen erforderlich ist oder keine dieser beiden Voraussetzungen erfüllt.

(6) Die Ausnahmen nach Absatz 4 Buchstaben a und b gelten nicht für vertikale Vereinbarungen in Bezug auf die Bereitstellung von Online-Vermittlungsdiensten, wenn der Anbieter der Online-Vermittlungsdienste ein Wettbewerber auf dem relevanten Markt für den Verkauf der vermittelten Waren oder Dienstleistungen ist.

(7) Diese Verordnung gilt nicht für vertikale Vereinbarungen, deren Gegenstand in den Geltungsbereich einer anderen Gruppenfreistellungsverordnung fällt, außer wenn dies in einer solchen Verordnung vorgesehen ist.

Artikel 3 Marktanteilsschwelle

(1) Die Freistellung nach Artikel 2 gilt nur, wenn der Anteil des Anbieters an dem relevanten Markt, auf dem er die Vertragswaren oder -dienstleistungen anbietet, und der Anteil des Abnehmers an dem relevanten Markt, auf dem er die Vertragswaren oder -dienstleistungen bezieht, jeweils nicht mehr als 30 % beträgt.

(2) Bezieht ein Unternehmen im Rahmen einer Mehrparteienvereinbarung die Vertragswaren oder -dienstleistungen von einem an der Vereinbarung beteiligten Unternehmen und verkauft es sie anschließend an ein anderes, ebenfalls an der Vereinbarung beteiligtes Unternehmen, so gilt die Freistellung nach Artikel 2 nur, wenn es die Voraussetzungen des Absatzes 1 als Abnehmer wie auch als Anbieter erfüllt.

Artikel 4 Beschränkungen, die zum Ausschluss des Rechtsvorteils der Gruppenfreistellung führen – Kernbeschränkungen

Die Freistellung nach Artikel 2 gilt nicht für vertikale Vereinbarungen, die unmittelbar oder mittelbar, für sich allein oder in Verbindung mit anderen Umständen unter der Kontrolle der beteiligten Unternehmen Folgendes bezwecken:

a) die Beschränkung der Möglichkeit des Abnehmers, seinen Verkaufspreis selbst festzusetzen; dies gilt unbeschadet der Möglichkeit des Anbieters, Höchstverkaufspreise festzusetzen oder Preisempfehlungen auszusprechen, sofern sich diese nicht infolge der Ausübung von Druck oder der Gewährung von Anreizen durch eines der beteiligten Unternehmen tatsächlich wie Fest- oder Mindestverkaufspreise auswirken;

b) wenn der Anbieter ein Alleinvertriebssystem betreibt, die Beschränkung des Gebiets oder der Kunden, in das bzw. an die der Alleinvertriebshändler die Vertragswaren oder -dienstleistungen aktiv oder passiv verkaufen darf, mit Ausnahme

  i) der Beschränkung des aktiven Verkaufs durch den Alleinvertriebshändler und durch seine Direktkunden in ein Gebiet oder an eine Kundengruppe, das bzw. die dem Anbieter vorbehalten ist oder von dem Anbieter höchstens fünf weiteren Alleinvertriebshändlern exklusiv zugewiesen wurde,

ii) der Beschränkung des aktiven oder passiven Verkaufs durch den Alleinvertriebshändler und durch seine Kunden an nicht zugelassene Händler in einem Gebiet, in dem der Anbieter ein selektives Vertriebssystem für die Vertragswaren oder -dienstleistungen betreibt,

iii) der Beschränkung des Niederlassungsorts des Alleinvertriebshändlers,

iv) der Beschränkung des aktiven oder passiven Verkaufs an Endverbraucher durch einen Alleinvertriebshändler, der auf der Großhandelsstufe tätig ist,

v) der Beschränkung der Möglichkeit des Alleinvertriebshändlers, Teile, die zur Weiterverwendung geliefert werden, aktiv oder passiv an Kunden zu verkaufen, die diese Teile für die Herstellung derselben Art von Waren verwenden würden, wie sie der Anbieter herstellt;

c) wenn der Anbieter ein selektives Vertriebssystem betreibt,

i) die Beschränkung der Gebiete oder Kunden, in bzw. an die die Mitglieder des selektiven Vertriebssystems die Vertragswaren oder -dienstleistungen aktiv oder passiv verkaufen dürfen, mit Ausnahme

1. der Beschränkung des aktiven Verkaufs durch Mitglieder des selektiven Vertriebssystems und durch ihre Direktkunden in ein Gebiet oder an eine Kundengruppe, das bzw. die dem Anbieter vorbehalten ist oder von dem Anbieter höchstens fünf Alleinvertriebshändlern exklusiv zugewiesen wurde,

2. der Beschränkung des aktiven oder passiven Verkaufs durch Mitglieder des selektiven Vertriebssystems und durch ihre Kunden an nicht zugelassene Händler in dem Gebiet, in dem das selektive Vertriebssystem betrieben wird,

3. der Beschränkung des Niederlassungsorts der Mitglieder des selektiven Vertriebssystems,

4. der Beschränkung des aktiven oder passiven Verkaufs an Endverbraucher durch auf der Großhandelsstufe tätige Mitglieder des selektiven Vertriebssystems,

5. der Beschränkung der Möglichkeit, Teile, die zur Weiterverwendung geliefert werden, aktiv oder passiv an Kunden zu verkaufen, die diese Teile für die Herstellung derselben Art von Waren verwenden würden, wie sie der Anbieter herstellt;

ii) die Beschränkung von Querlieferungen zwischen Mitgliedern des selektiven Vertriebssystems, die auf derselben Handelsstufe oder unterschiedlichen Handelsstufen tätig sind;

iii) die Beschränkung des aktiven oder passiven Verkaufs an Endverbraucher durch auf der Einzelhandelsstufe tätige Mitglieder des selektiven Vertriebssystems, unbeschadet Buchstabe c Ziffer i Nummern 1 und 3;

d) wenn der Anbieter weder ein Alleinvertriebssystem noch ein selektives Vertriebssystem betreibt, die Beschränkung der Gebiete oder Kunden, in bzw. an die der Abnehmer die Vertragswaren oder -dienstleistungen aktiv oder passiv verkaufen darf, mit Ausnahme

i) der Beschränkung des aktiven Verkaufs durch den Abnehmer und durch seine Direktkunden in ein Gebiet oder an eine Kundengruppe, das bzw. die dem Anbieter vorbehalten ist oder von dem Anbieter höchstens fünf Alleinvertriebshändlern exklusiv zugewiesen wurde,

ii) der Beschränkung des aktiven oder passiven Verkaufs durch den Abnehmer und durch seine Kunden an nicht zugelassene Händler in einem Gebiet, in dem der Anbieter ein selektives Vertriebssystem für die Vertragswaren oder -dienstleistungen betreibt,

iii) der Beschränkung des Niederlassungsorts des Abnehmers,

iv) der Beschränkung des aktiven oder passiven Verkaufs an Endverbraucher durch einen Abnehmer, der auf der Großhandelsstufe tätig ist,

v) der Beschränkung der Möglichkeit des Abnehmers, Teile, die zur Weiterverwendung geliefert werden, aktiv oder passiv an Kunden zu verkaufen, die diese Teile für die Herstellung derselben Art von Waren verwenden würden, wie sie der Anbieter herstellt;

e) die Verhinderung der wirksamen Nutzung des Internets zum Verkauf der Vertragswaren oder -dienstleistungen durch den Abnehmer oder seine Kunden, da dies eine Beschränkung des Gebiets oder der Kunden, in das bzw. an die die Vertragswaren oder -dienstleistungen verkauft werden dürfen, im Sinne der Buchstaben b, c oder d darstellt, unbeschadet der Möglichkeit, dem Abnehmer Folgendes aufzuerlegen:

   i) andere Beschränkungen des Online-Verkaufs oder

   ii) Beschränkungen der Online-Werbung, die nicht darauf abzielen, die Nutzung eines ganzen Online-Werbekanals zu verhindern;

f) die zwischen einem Anbieter von Teilen und einem Abnehmer, der diese Teile weiterverwendet, vereinbarte Beschränkung der Möglichkeit des Anbieters, die Teile als Ersatzteile an Endverbraucher, Reparaturbetriebe, Großhändler oder andere Dienstleister zu verkaufen, die der Abnehmer nicht mit der Reparatur oder Wartung seiner Waren betraut hat.

Artikel 5 Nicht freigestellte Beschränkungen

(1) Die Freistellung nach Artikel 2 gilt nicht für die folgenden, in vertikalen Vereinbarungen enthaltenen Verpflichtungen:

   a) unmittelbare oder mittelbare Wettbewerbsverbote, die für eine unbestimmte Dauer oder für eine Dauer von mehr als 5 Jahren gelten,

   b) unmittelbare oder mittelbare Verpflichtungen, die den Abnehmer veranlassen, Waren oder Dienstleistungen nach Beendigung der Vereinbarung nicht herzustellen, zu beziehen, zu verkaufen oder weiterzuverkaufen,

   c) unmittelbare oder mittelbare Verpflichtungen, die die Mitglieder eines selektiven Vertriebssystems veranlassen, Marken bestimmter konkurrierender Anbieter nicht zu verkaufen,

   d) unmittelbare oder mittelbare Verpflichtungen, die einen Abnehmer von Online-Vermittlungsdiensten veranlassen, Endverbrauchern Waren oder Dienstleistungen nicht über konkurrierende Online-Vermittlungsdienste zu günstigeren Bedingungen anzubieten, zu verkaufen oder weiterzuverkaufen.

(2) Abweichend von Absatz 1 Buchstabe a gilt die Begrenzung auf fünf Jahre nicht, wenn die Vertragswaren oder -dienstleistungen vom Abnehmer in Räumlichkeiten und auf Grundstücken verkauft werden, die im Eigentum des Anbieters stehen oder von diesem von nicht mit dem Abnehmer verbundenen Dritten gemietet oder gepachtet wor-

den sind, und das Wettbewerbsverbot nicht über den Zeitraum hinausreicht, in dem der Abnehmer diese Räumlichkeiten und Grundstücke nutzt.

(3) Abweichend von Absatz 1 Buchstabe b gilt die Freistellung nach Artikel 2 für unmittelbare oder mittelbare Verpflichtungen, die den Abnehmer veranlassen, Waren oder Dienstleistungen nach Beendigung der Vereinbarung nicht herzustellen, zu beziehen, zu verkaufen oder weiterzuverkaufen, sofern sämtliche folgenden Voraussetzungen erfüllt sind:

a) die Verpflichtungen beziehen sich auf Waren oder Dienstleistungen, die mit den Vertragswaren oder -dienstleistungen im Wettbewerb stehen;

b) die Verpflichtungen beschränken sich auf Räumlichkeiten und Grundstücke, von denen aus der Abnehmer während der Vertragslaufzeit seine Geschäfte betrieben hat;

c) das Wettbewerbsverbot ist unerlässlich, um Know-how, das dem Abnehmer vom Anbieter übertragen wurde, zu schützen;

d) die Dauer der Verpflichtungen ist auf höchstens ein Jahr nach Beendigung der Vereinbarung begrenzt.

Absatz 1 Buchstabe b gilt unbeschadet der Möglichkeit, Nutzung und Offenlegung von nicht allgemein zugänglichem Know-how unbefristeten Beschränkungen zu unterwerfen.

Artikel 6 Entzug des Rechtsvorteils im Einzelfall

(1) Nach Artikel 29 Absatz 1 der Verordnung (EG) Nr. 1/2003 des Rates kann die Kommission den Rechtsvorteil der vorliegenden Verordnung entziehen, wenn sie in einem bestimmten Fall feststellt, dass eine vertikale Vereinbarung, für die die Freistellung nach Artikel 2 der vorliegenden Verordnung gilt, dennoch Wirkungen hat, die mit Artikel 101 Absatz 3 AEUV unvereinbar sind. Solche Wirkungen können beispielsweise auftreten, wenn der relevante Markt für die Bereitstellung von Online-Vermittlungsdiensten stark konzentriert ist und der Wettbewerb zwischen den Anbietern solcher Dienste durch die kumulative Wirkung paralleler Netze ähnlicher Vereinbarungen beschränkt wird, die die Möglichkeiten von Abnehmern von Online-Vermittlungsdiensten beschränken, Waren oder Dienstleistungen über ihre Direktvertriebskanäle Endnutzern zu günstigeren Bedingungen anzubieten, zu verkaufen oder weiterzuverkaufen.

(2) Die Wettbewerbsbehörde eines Mitgliedstaats kann den aus dieser Verordnung erwachsenden Rechtsvorteil entziehen, wenn die Voraussetzungen nach Artikel 29 Absatz 2 der Verordnung (EG) Nr. 1/2003 erfüllt sind.

Artikel 7 Nichtanwendung dieser Verordnung

Nach Artikel 1a der Verordnung Nr. 19/65/EWG kann die Kommission durch Verordnung erklären, dass in Fällen, in denen mehr als 50 % des relevanten Marktes von parallelen Netzen gleichartiger vertikaler Beschränkungen abgedeckt werden, die vorliegende Verordnung auf vertikale Vereinbarungen, die bestimmte Beschränkungen des Wettbewerbs auf diesem Markt enthalten, keine Anwendung findet.

Artikel 8 Anwendung der Marktanteilsschwelle

Für die Anwendung der Marktanteilsschwellen im Sinne des Artikels 3 gelten folgende Vorschriften:

a) der Marktanteil des Anbieters wird anhand des Absatzwerts und der Marktanteil des Abnehmers anhand des Bezugswerts berechnet. Liegen keine Angaben über den Absatz- bzw. Bezugswert vor, so können zur Ermittlung des Marktanteils des betreffenden Unternehmens Schätzungen vorgenommen werden, die auf anderen verlässlichen Marktdaten einschließlich der Absatz- und Bezugsmengen beruhen;

b) die Marktanteile werden anhand der Angaben für das vorangegangene Kalenderjahr ermittelt;

c) der Marktanteil des Anbieters schließt Waren oder Dienstleistungen ein, die zum Zweck des Verkaufs an vertikal integrierte Händler geliefert werden;

d) beträgt ein Marktanteil ursprünglich nicht mehr als 30 % und überschreitet er anschließend diese Schwelle, so gilt die Freistellung nach Artikel 2 im Anschluss an das Jahr, in dem die Schwelle von 30 % erstmals überschritten wurde, noch für zwei weitere Kalenderjahre;

e) der Marktanteil der in Artikel 1 Absatz 2 Unterabsatz 2 Buchstabe e genannten Unternehmen wird zu gleichen Teilen jedem Unternehmen zugerechnet, das die in Buchstabe a des genannten Unterabsatzes aufgeführten Rechte oder Befugnisse hat.

Artikel 9 Anwendung der Umsatzschwelle

(1) Für die Berechnung des jährlichen Gesamtumsatzes im Sinne des Artikels 2 Absatz 2 sind die Umsätze zu addieren, die das jeweilige an der vertikalen Vereinbarung beteiligte Unternehmen und die mit ihm verbundenen Unternehmen im vorangegangenen Geschäftsjahr mit allen Waren und Dienstleistungen ohne Steuern und sonstige Abgaben erzielt haben. Dabei werden Umsätze zwischen dem an der vertikalen Vereinbarung beteiligten Unternehmen und den mit ihm verbundenen Unternehmen oder zwischen den mit ihm verbundenen Unternehmen nicht mitgerechnet.

(2) Die Freistellung nach Artikel 2 bleibt bestehen, wenn der jährliche Gesamtumsatz im Zeitraum von zwei aufeinanderfolgenden Geschäftsjahren die Schwelle um nicht mehr als 10 % übersteigt.

Artikel 10 Übergangszeitraum

Das Verbot nach Artikel 101 Absatz 1 AEUV gilt in der Zeit vom 1. Juni 2022 bis zum 31. Mai 2023 nicht für bereits am 31. Mai 2022 in Kraft befindliche Vereinbarungen, die zwar die Freistellungskriterien dieser Verordnung nicht erfüllen, aber am 31. Mai 2022 die Freistellungskriterien der Verordnung (EU) Nr. 330/2010 erfüllt haben.

Artikel 11 Geltungsdauer

Diese Verordnung tritt am 1. Juni 2022 in Kraft.

Ihre Geltungsdauer endet am 31. Mai 2034.

Diese Verordnung ist in allen ihren Teilen verbindlich und gilt unmittelbar in jedem Mitgliedstaat.

4. Weitere Dokumente

Nachfolgend finden Sie drei für den Vertrieb bedeutsame Dokumente mit den jeweiligen Fundstellen.

4.1 Leitlinien für vertikale Beschränkungen

(ABl. EU v. 19.5.2010 Nr. C 130 S. 1)
http://eur-lex.europa.eu/LexUriServ/LexUriServ.do?uri=OJ:C:2010:130:0001:0046:DE:PDF

4.2 Ergänzende Leitlinien für vertikale Beschränkungen in Vereinbarungen über den Verkauf und die Instandsetzung von Kraftfahrzeugen und den Vertrieb von Kraftfahrzeugersatzteilen

(ABl. EU v. 28.5.2010 Nr. C 138 S. 16)
http://eur-lex.europa.eu/LexUriServ/LexUriServ.do?uri=OJ:C:2010:138:0016:0027:DE:PDF

4.3 Richtlinie 86/653/EWG des Rates vom 18. Dezember 1986 zur Koordinierung der Rechtsvorschriften der Mitgliedstaaten betreffend die selbständigen Handelsvertreter

(ABl. EU v. 31.12.1986 Nr. L 1382 S. 17)
http://eur-lex.europa.eu/legal-content/DE/TXT/?uri=CELEX:31986L0653

Literaturverzeichnis

Abrahamczik, Der Handelsvertretervertrag, 3. Aufl., München 2007

AnwKom AGB-R, Herausgegeben v. Niebling, 3. Aufl., 2017

Ebenroth/Boujong/Joost/Strohn, Handelsgesetzbuch, 4. Aufl., München 2020

Eberstein, Der Handelsvertretervertrag, 9. Aufl., Heidelberg 2006

Flohr/Waschkuhn, Vertriebsrecht, 2. Aufl. München 2018

Giessler, Vertriebsrecht, 3. Aufl., Bonn, 2018

Grüneberg, Bürgerliches Gesetzbuch, 81. Aufl., München 2022

Hopt, Handelsgesetzbuch, 41. Aufl., München 2022

Hopt, Handelsvertreterrecht, 6. Aufl., München 2019

Hopt/Merkt, Vertrags- und Formularbuch zum Handels-, Gesellschafts-, Bank- und Transportrecht, 5. Aufl., München 2022

Dauner-Lieb/Heidel/Ring, BGB, Franchise Anh. zu 535, 4. Aufl., Baden-Baden 2021

Detzer, Verträge mit ausländischen Handelsvertretern, 5. Aufl., Heidelberg 2010

Emde, Vertriebsrecht, Kommentierung der §§ 84 bis 92c HGB, Berlin 3. Aufl., 2014

Ensthaler, Gemeinschaf tskommentar zum Handelsgesetzbuch, Köln 8. Aufl., 2015

Heidel/Schall, HGB, 3. Aufl. 2019

Köhler/Bornkamm/Feddersen, UWG 40. Aufl., München 2022

Koller/Kindler/Roth/Drüen, HGB-Kommentar, 9. Aufl., München 2019

Küstner/Thume, (u. a.), Handbuch des gesamten Vertriebsrechts, Band 1–3, 5. Aufl., Frankfurt/M. 2016

Lettl, HandelsR, 5. Aufl. München 2021

Martinek/Semler/Flohr, Handbuch des Vertriebsrechts, 5. Aufl., München 2023

Martinek/Semler/Flohr, Formularsammlung VertriebsR, 2. Aufl. 2021

Metzlaff, Praxishandbuch Franchise, München 2003

MK-HGB Münchner Kommentar zum Handelsgesetzbuch, 4. Aufl., München 2020 ff.

Niebling, Allgemeine Geschäftsbedingungen, Allg. Teil, RdW 175, 10. Aufl., Stuttgart 2015

Niebling, Allgemeine Geschäftsbedingungen, Besonderer Teil. RdW 176, Stuttgart 2015

Niebling, Abmahnung, Einstweilige Verfügung und neues Wettbewerbsrecht, RdW 240, 4. Aufl., Stuttgart 2020

Niebling, Das Recht des Automobilvertriebs, Heidelberg 1996

Niebling, Vertragshändlerrecht im Automobilvertrieb, 4. Aufl., Köln 2009

Oetker, HGB, 7. Aufl., München 2021

Röhricht/Graf v. Westphalen/Haas HGB, 5. Aufl., Köln 2019

Schultze/Wauschkuhn/Spenner/Dau/Kübler, Der Vertragshändlervertrag, 5. Aufl., Frankfurt/M. 2015

Stoffels, AGB-R, 4. Aufl, München 2021

Skaupy, Franchising, 2. Aufl., München 1995

Staudinger, AGB-R, 2019

Ulmer/Brandner/Hensen, AGB-R, 13. Aufl., Köln 2022

Wiedemann, Handbuch des Kartellrechts, 4. Aufl., München 2020

Wolf/Lindacher/Pfeiffer, AGB-R, 7. Aufl., München 2020

Sachregister